Culturas juvenis

FUNDAÇÃO EDITORA DA UNESP

Presidente do Conselho Curador
Marcos Macari

Diretor-Presidente
José Castilho Marques Neto

Editor-Executivo
Jézio Hernani Bomfim Gutierre

Conselho Editorial Acadêmico
Antonio Celso Ferreira
Cláudio Antonio Rabello Coelho
José Roberto Ernandes
Luiz Gonzaga Marchezan
Maria do Rosário Longo Mortatti
Maria Encarnação Beltrão Sposito
Mario Fernando Bolognesi
Paulo César Corrêa Borges
Roberto André Kraenkel
Sérgio Vicente Motta

Editores-Assistentes
Anderson Nobara
Arlete Sousa
Dida Bessana

COORDENAÇÃO DA COLEÇÃO PARADIDÁTICOS

João Luís C. T. Ceccantini
Raquel Lazzari Leite Barbosa
Ernesta Zamboni
Raul Borges Guimarães (Coordenador)

AFRÂNIO MENDES CATANI
RENATO DE SOUSA PORTO GILIOLI

Culturas juvenis
múltiplos olhares

COLEÇÃO PARADIDÁTICOS
SÉRIE CULTURA

editora
unesp

© 2004 Editora UNESP

Direitos de publicação reservados à:
Fundação Editora da UNESP (FEU)
Praça da Sé, 108
01001-900 – São Paulo – SP
Tel.: (0xx11) 3242-7171
Fax: (0xx11) 3242-7172
www.editoraunesp.com.br
feu@editora.unesp.br

CIP-Brasil. Catalogação na fonte
Sindicato Nacional dos Editores de Livros, RJ

C356c

Catani, Afrânio Mendes
  Culturas juvenis: múltiplos olhares/Afrânio Mendes Catani, Renato de Sousa Porto Gilioli. – São Paulo: Editora UNESP, 2008. (Paradidádicos. Série Cultura)

  Inclui bibliografia
  ISBN 978-85-7139-885-6

  1. Juventude – Condições sociais. 2. Jovens – Conduta. 3. Jovens – Consumo. 4. Relações culturais. I. Gilioli, Renato de Sousa Porto. II. Título. III. Série.

08-4641.   CDD: 305.23
                                                  CDU: 316.346.32-053.6

EDITORA AFILIADA:

Asociación de Editoriales Universitarias
de América Latina y el Caribe

Associação Brasileira de
Editoras Universitárias

A COLEÇÃO PARADIDÁTICOS UNESP

A Coleção Paradidáticos foi delineada pela Editora UNESP com o objetivo de tornar acessíveis a um amplo público obras sobre *ciência* e *cultura*, produzidas por destacados pesquisadores do meio acadêmico brasileiro.

Os autores da Coleção aceitaram o desafio de tratar de conceitos e questões de grande complexidade presentes no debate científico e cultural de nosso tempo, valendo-se de abordagens rigorosas dos temas focalizados e, ao mesmo tempo, sempre buscando uma linguagem objetiva e despretensiosa.

Na parte final de cada volume, o leitor tem à sua disposição um *Glossário*, um conjunto de *Sugestões de leitura* e algumas *Questões para reflexão e debate*.

O *Glossário* não ambiciona a exaustividade nem pretende substituir o caminho pessoal que todo leitor arguto e criativo percorre, ao dirigir-se a dicionários, enciclopédias, *sites* da Internet e tantas outras fontes, no intuito de expandir os sentidos da leitura que se propõe. O tópico, na realidade, procura explicitar com maior detalhe aqueles conceitos, acepções e dados contextuais valorizados pelos próprios autores de cada obra.

As *Sugestões de leitura* apresentam-se como um complemento das notas bibliográficas disseminadas ao longo do texto, correspondendo a um convite, por parte dos autores, para que o leitor aprofunde cada vez mais seus conhecimentos sobre os temas tratados, segundo uma perspectiva seletiva do que há de mais relevante sobre um dado assunto.

As *Questões para reflexão e debate* pretendem provocar intelectualmente o leitor e auxiliá-lo no processo de avaliação da leitura realizada, na sistematização das informações absorvidas e na ampliação de seus horizontes. Isso, tanto para o contexto de leitura individual quanto para as situações de socialização da leitura, como aquelas realizadas no ambiente escolar.

A Coleção pretende, assim, criar condições propícias para a iniciação dos leitores em temas científicos e culturais significativos e para que tenham acesso irrestrito a conhecimentos socialmente relevantes e pertinentes, capazes de motivar as novas gerações para a pesquisa.

Para Bertha Hey Catani.
Para Luciana Lorens Braga.

SUMÁRIO

INTRODUÇÃO 11

CAPÍTULO 1
Faces do consumo cultural 19

CAPÍTULO 2
A cultura juvenil como fenômeno urbano 37

CAPÍTULO 3
Idade para a educação ou para o trabalho? 53

CAPÍTULO 4
Dimensões políticas da juventude 70

CAPÍTULO 5
Diversidade de interpretações das culturas juvenis 89

CONSIDERAÇÕES FINAIS 104

GLOSSÁRIO 106
SUGESTÕES DE LEITURA 109
QUESTÕES PARA REFLEXÃO E DEBATE 114

Introdução

Tratar da juventude envolve múltiplos aspectos a serem analisados. Desde o marco da Sociologia da juventude norte-americana surgida a partir da década de 1920, as pesquisas acadêmicas já têm quase um século de tradição consolidada sobre o tema. Assim, há várias abordagens possíveis sobre essa etapa social da vida. É necessário dizer que não há apenas *uma* juventude e *uma* cultura juvenil, mas várias, que diferem segundo condições sociais e históricas específicas.

A ampla percepção da juventude como categoria social distinta é própria do século XX, em especial em sua segunda metade. Nesse contexto, a urbanização fez dos jovens alvo de preocupação do Estado e de vários setores sociais, destacando-se temas como a educação, a delinquência e o trabalho. Igualmente, a juventude adquiriu relevo na esfera do consumo e da indústria cultural, em que o avanço técnico e a expansão dos meios de comunicação contribuíram para incorporar os jovens como protagonistas nos mercados da moda, da música e do esporte, entre outros.

Cada um desses itens rende amplas discussões. Portanto, nosso objetivo é oferecer um panorama para compreender as múltiplas expressões da juventude, que podem ser interpretadas como manifestações de um universo cultural específico.

Deve-se ressaltar, de início, que é possível perceber a categoria "juventude" ao menos conforme dois registros. Os sujeitos ou grupos sociais podem se autoidentificar como jovens ou portadores de uma cultura juvenil. Podem, também, ser identificados como tais por outros segmentos etários ou instituições (Estado, família, organizações), que os caricaturizam – elegem um ou alguns traços como essência que caracterizaria *a* juventude.

Nesse sentido, pode-se dizer que, para a sociedade, o desafio é definir o jovem, enquanto para o jovem é definir-se diante de si próprio, de seus pares e perante a sociedade. Ambas as formas de identificação costumam aparecer juntas na prática, mas sua distinção é útil para delimitar os contornos que a juventude pode tomar em diferentes contextos sociais, políticos e históricos.

O primeiro problema ao se falar de juventude(s) e sua(s) cultura(s) é defini-la(s). Marília Sposito destaca que a categoria "juventude" é conceitualmente imprecisa, pois abarca situações e contextos com poucos elementos comuns entre si. Mesmo assim, o reconhecimento dessa imprecisão é um ponto de partida relevante, pois "a própria definição da categoria juventude encerra um problema sociológico passível de investigação, na medida em que os critérios que a constituem como sujeitos são históricos e culturais".[1]

Para discutir o que vem a ser a juventude é necessário começar desmistificando-a como categoria apenas natural e biológica, quando na verdade ela é, sobretudo, uma *construção social* que varia de acordo com as diferentes culturas

---

[1] Sposito, M. P. Considerações em torno do conhecimento sobre juventude na área de educação. In: _____ (Coord.). *Estado do conhecimento:* juventude e escolarização. São Paulo: Ação Educativa/ Inep, 2000, p.7.

e mesmo no interior de cada cultura – e que nem sempre existiu como categoria socialmente visível. Isso não significa que a compreensão da juventude do ponto de vista psicobiológico deva ser rejeitada, mas apenas que não é a única dimensão a ser contemplada.

Destacamos, assim, algumas definições possíveis para delimitar a juventude:

a) *faixa etária*, com limites variando de 10 a 35 anos conforme o propósito de classificação. Entre outros limites, há os que estabelecem os 10 anos para identificar, por exemplo, a condição de jovens pobres que têm poucas oportunidades de viver a infância e a adolescência, logo se inserindo no mundo do trabalho. Há o marco dos 14 anos em países como o Brasil, que representa a idade mínima legal para trabalho. No outro extremo, chega-se àqueles jovens de classes sociais mais favorecidas, que podem estender sua juventude ao morar com os pais até uma idade mais avançada, demorando a ingressar no que se convenciona chamar de vida adulta. As caracterizações da juventude por faixa etária são bastante utilizadas em estatísticas, na elaboração de políticas públicas e para determinar, por exemplo, as idades permitidas para o trabalho, a censura na mídia e as responsabilidades civil, penal e eleitoral;

b) determinação da *maturidade/imaturidade* dos indivíduos mediante, por exemplo, o uso de variáveis biológicas e psicológicas;

c) definição de *critérios socioeconômicos* para estabelecer os limites da juventude – renda, escolarização, casamento, paternidade ou maternidade, ambiente rural ou urbano e independência econômica;

d) *estado de espírito, estilo de vida* ou *setor da cultura* (valorizados positiva ou negativamente), terminologias relacionadas às expressões culturais e aos comportamentos juvenis. Nesse caso, mesmo alguém que não esteja na faixa etária na qual se costuma delimitar a juventude pode conviver, apresentar-se e expressar-se como jovem.

Os diversos critérios podem inclusive se combinar e, além das diversas interpretações do que é a juventude, discute-se se ela é uma categoria autônoma ou não em relação a outras (classe, gênero, etnia, religião etc.). Alguns priorizam os aspectos geracionais (S. N. Eisenstadt e Karl Mannheim) e outros enfatizam que a discussão sobre a juventude apenas reflete questões sociais mais amplas (para o marxismo, os problemas da juventude derivam da estrutura de classe).

Antes da tradição sociológica de reflexão sobre a "juventude", esta categoria já era estudada pela Psicologia. Em 1904, a obra *Adolescence*, de Stanley Hall (1844-1924), apresentou a adolescência (uma espécie de "primeira etapa" da juventude) como período de amadurecimento biológico caracterizado por comportamentos oscilantes e contraditórios. Apesar de o livro ter sido um marco, o autor recebeu críticas da maioria dos psicólogos da época, pois ignorava as influências da cultura no desenvolvimento do ser humano. Para Hall, a agitação e a tensão da adolescência seriam manifestação de "primitivismo" humano. Assim, enquanto a infância seria similar às chamadas "sociedades primitivas", a idade adulta corresponderia a um estágio civilizatório supostamente mais "evoluído". Desenvolveu ideias próximas ao fascismo, considerando-se profeta de uma nova ordem social totalitária. Mesmo recebendo duras críticas da Sociologia, o discurso de matizes psicobiológicas manteve sua força.

Estudando também a adolescência, Erik Erikson analisou esse período como etapa de conflitos próprios ao crescimento, que corresponderiam à "crise de identidade" –

expressão criada pelo autor. Essa "crise" terminaria no início da vida adulta, quando a identidade do indivíduo encontraria uma forma mais estável. No entanto, Erikson não perdeu de vista o entendimento da adolescência como *construção social*, pois seriam as características históricas e sociais de um período que condicionariam a formação da identidade, inclusive adulta.[2]

Para a Sociologia, a juventude emergiu como tema relevante por ser fenômeno típico da sociedade moderna. Enquanto nas sociedades ditas tradicionais identificavam-se marcos claros na passagem da infância para a vida adulta (muitas vezes sem períodos intermediários), as sociedades modernas se caracterizariam por ter a juventude como fase transitória entre a condição infantil e a adulta, mas sem limites precisos e não demarcados por rituais sociais rígidos. A tradição sociológica também considerava a juventude das sociedades modernas, em especial nas cidades, elemento "desviante" em relação ao que se imaginava ser o funcionamento harmônico da sociedade.

Deve-se destacar também Karl Mannheim (1893-1947), para quem as expressões juvenis expõem as contradições da sociedade em que se inserem. A preocupação central de Mannheim não é a "crise de identidade" e o desenvolvimento psicológico, mas o potencial de mudança social da juventude, que "... chega aos conflitos de nossa sociedade moderna vinda de fora. E é este fato que faz da juventude o pioneiro predestinado de qualquer mudança da sociedade".[3]

Este é um aspecto fundamental: a juventude pode ser vista como fase da vida positiva por si só, o que se baseia na ideia de que o jovem seria sempre capaz de romper com os

---

2 Erikson, E. H. *Identidade, juventude e crise*. Rio de Janeiro: Zahar, 1976, p.30-1.
3 Mannheim, K. O problema da juventude na sociedade moderna. In: Britto, Sulamita de (Org.). *Sociologia da juventude, I*: da Europa de Marx à América Latina de hoje. Rio de Janeiro: Zahar, 1968 [original: 1943], p.74.

erros das gerações anteriores e criar uma sociedade melhor. Essas perspectivas tendem a considerar a *juventude* (no singular) como categoria homogênea, diferente da noção de *juventudes*, que se refere a suas multiplicidades.

Por um lado, é útil compreender a juventude no singular já que ela se uniformizou com a internacionalização da economia, a globalização do consumo, a expansão da escolarização e de políticas públicas voltadas a esse segmento. Por outro, englobar diferentes posicionamentos, expressões e condições juvenis em rótulos generalizantes é perigoso, conforme adverte o sociólogo Pierre Bourdieu (1930-2002). Para ele, a juventude "é apenas uma palavra", uma vez que haveria pelo menos duas juventudes, a burguesa e a das classes populares, com diferenças significativas entre si. Jovens universitários, camponeses e operários têm pouco em comum, além da faixa etária. Assim, torna-se necessário falar em *juventudes* e em *culturas juvenis*.

Todavia, ainda é recente a percepção das diversas manifestações das culturas juvenis como produtos próprios do jovem e não como meros "desvios" das normas sociais. Isso implica considerar que os jovens são capazes de produzir uma cultura autônoma, que não apenas imita o mundo adulto e as instituições tradicionais (escola, Estado, família, empresas, sindicatos etc.), mas articula estas últimas de acordo com parâmetros próprios, configurando novas formas de cultura.

Ainda assim, é necessário ressaltar que tanto o entendimento da(s) cultura(s) junvenil(is) segundo sua autonomia quanto segundo as visões elaboradas pelo mundo adulto têm a sua importância e contribuem para levantar múltiplos elementos que compõem uma percepção mais ampla acerca dessa fase da vida humana.

Vale destacar, ainda, outro conceito empregado ao se falar de juventude: o de subcultura(s), que pode ser definido como uma espécie de "solução de compromisso" entre a necessidade de autonomia dos jovens em relação aos pais e a necessidade de manter identificações com a geração anterior. Assim, as "subculturas juvenis" não deixam de pertencer à cultura geral da sociedade, mas também não ignoram a autonomia cultural dos jovens, considerando suas "leis" próprias tão legítimas quanto as de outras "subculturas".

Uma vez indicadas algumas possibilidades de entendimento dos conceitos de cultura, culturas e subcultura(s) juvenis, o Capítulo 1 aborda o consumo cultural juvenil. Concentrado na segunda metade do século XX, esse consumo pode ser entendido tanto como fator de "alienação" quanto possibilidade de elaborar expressões culturais juvenis autônomas (os *estilos*), especialmente em manifestações como o esporte e a música. A noção de que a(s) cultura(s) juvenil(s) é(são) um fenômeno urbano é abordada no Capítulo 2, observando como a vida nas cidades condiciona a construção de espaços juvenis. Entre os diversos dramas existentes nas metrópoles, salientamos a diminuição significativa dos espaços públicos disponibilizados para os jovens. No Capítulo 3 tratamos das questões da educação e do trabalho, setores nos quais a inserção dos jovens é muito discutida. Nesse âmbito, um dos importantes problemas da atualidade é a transição entre a escola e o trabalho, seja nos países desenvolvidos, seja nos demais, com destaque para o caso brasileiro. O Capítulo 4 aborda a dimensão política da juventude, enfocando desde os estudantes dos anos 60-70 até o estereótipo bastante generalizado do "desinteresse político" que rotula gerações jovens mais recentes. Também enfocamos políticas públicas para a juventude e a politização de temas como drogas, gênero e etnia, que ampliam a noção de participação política na atualidade. Por fim, o Capítulo 5 apresenta breve panorama das principais concepções que fundamentam as interpretações acerca da juventude, desde a Escola de Chicago até os estudos mais recentes.

1 Faces do consumo cultural

Neste capítulo trataremos de alguns significados que o consumo juvenil pode assumir, sendo o consumo entendido como uma das dimensões relevantes nas práticas culturais do ser humano, especialmente na maioria das sociedades atuais, em que o crescimento urbano, o desenvolvimento tecnológico e a ampliação do acesso aos meios de comunicação condicionam diversos aspectos da produção da cultura.

O consumo cultural ganhou maior força a partir do pós-Segunda Guerra Mundial e do Estado de Bem-Estar Social, quando o quase pleno emprego nos países desenvolvidos e o substancial desenvolvimento econômico de várias economias periféricas proporcionaram aumento do poder aquisitivo, estímulo à indústria cultural, ao comércio, aos meios de comunicação e à publicidade, setores dedicados à produção de bens e de novos hábitos para os segmentos sociais beneficiados por esse ciclo econômico, entre os quais a juventude se destaca.

Indústria cultural, "tribos" e estilos

O consumo cultural destinado à juventude tem característica peculiar, pois nesse caso a condição juvenil é, em geral, vista de forma positiva. Isso é o contrário das situações nas quais o jovem vive problemas sociais que dificultam seu acesso à escolaridade ou está procurando trabalho, contextos em que é visto com frequência como imaturo, rebelde, delinquente, pouco qualificado e inexperiente. Na esfera do consumo, há uma imagem construída da condição juvenil como etapa áurea da vida, idade na qual se pode desfrutar do tempo livre, do lazer, do vigor, dos esportes, da sexualidade e da criatividade artística.

Mesmo quando os bens culturais assumem traços que a sociedade considera negativos nos jovens (roupas desajeitadas, gírias, agressividade), tais elementos podem ser interpretados como expressões da "liberdade" e rebeldia criadora próprias "da idade". Nesse caso, são vistos não como expressões construídas pelos próprios jovens, mas como caricaturizações elaboradas segundo o mundo adulto. Algumas de suas características são acentuadas, idealizadas e transformadas em essência da juventude e da própria vida.

O discurso publicitário também associa a juventude ao próprio ato de consumir. Ainda que o consumo cultural construa uma imagem positivada da juventude, a diversidade de condições sociais e econômicas nem sempre permite que os próprios jovens possam vivenciar as idealizações de que são objeto. A força da indústria cultural contribui de forma decisiva para uma série de exclusões e diferenciações entre as múltiplas condições juvenis. Por exemplo, os jovens pobres têm possibilidades sensivelmente reduzidas – às vezes, inexistentes – de consumir em espaços como restaurantes, concertos, *shows* e *shoppings* ou de ter acesso a viagens turísticas e bens culturais. A eles restam parques e praças públicas (em geral escassos e deteriorados), terrenos baldios, ruas e praias, além do comércio e dos bares destinados ao público de baixo poder aquisitivo.

No Brasil dos anos 80, principalmente durante a redemocratização, o consumo e a indústria cultural eram criticados por serem considerados mero aparato destinado à reprodução do sistema capitalista e à alienação/submissão da juventude. Um registro documental desse momento aparece em pequena obra organizada por diversos autores, entre os quais D. Hélder Câmara: "A juventude é ... tanto ... um mito fabricado por um ramo industrial específico da sociedade capitalista, o da Indústria Cultural, quanto um consumidor cultural a ser domesticado".[1]

A visão de que o poder da indústria cultural era tão forte a ponto de neutralizar toda e qualquer produção de consciência social contra o sistema capitalista foi aos poucos relativizada. No Brasil, os estudos sobre os jovens a partir da década de 1980 começaram a criticar a ideia de que as expressões do consumo juvenil, o lazer e a cultura se reduziam apenas a essa dimensão de dominação. Desse modo, os múltiplos estilos e comportamentos da juventude passaram a ser valorizados como produções culturais legítimas.

Na discussão do papel do consumo cultural para os jovens, há que se buscar um equilíbrio. Embora *ocorra* a apropriação e a domesticação dos estilos jovens por parte da indústria cultural – inclusive da imagem do jovem revolucionário –, transformando-os em caricaturas e produtos reproduzidos em série (o estilo torna-se moda), as expressões dos grupos ou subculturas juvenis seriam, sobretudo, reinterpretações que esses segmentos fazem dos problemas, das potencialidades e dos rumos possíveis da sociedade que os cerca.

Os movimentos juvenis (*hippies*, *punks* e outros) e os diversos comportamentos (modos de se vestir, de falar, códigos etc.) passaram a ser encarados como formulações sociais que tentam buscar alternativas aos discursos tradicionais (política, religião, família).

---

1 Soares, I. de O.; Fleuri, R. M.; Câmara, D. H. (Orgs.). *Juventude e dominação cultural*. São Paulo: Paulinas: 1982, p.37.

Contudo, as representações mais conhecidas sobre a juventude são as produzidas pelos meios de comunicação, que tendem, com facilidade, a elaborar caricaturas do que seria *a* cultura jovem (no singular). Nesse caso, os hábitos, as experiências e os modos de vida dos jovens das camadas sociais médias costumam ser eleitos como representantes de uma suposta essência da condição juvenil em geral. Esse modelo assume dois pressupostos diferentes: constrói uma ideia de juventude constituída com base em padrões adultos ou trata a cultura juvenil como se fosse elemento alheio à sociedade adulta.

No primeiro caso, há distintas possibilidades. Uma delas é a imagem idealizada do jovem "domesticado" pelas instituições tradicionais, um sujeito que cumpre ordeiramente as etapas preparatórias consideradas necessárias para o ingresso na vida adulta. Outro tipo de representação é a produzida pela imprensa. Conforme analisa Ana Cristina Silva em sua pesquisa sobre o Caderno "Folhateen",[2] suplemento da *Folha de S. Paulo* lançado em 1991, muitos dos temas abordados nas matérias jornalísticas são orientados por expectativas construídas pelos adultos sobre o que seria mais importante para os jovens (os temas preferenciais são escola, família e política), ainda que os interesses da(s) juventude(s) sejam suficientemente múltiplos a ponto de ser difícil padronizá-los. A diagramação e a publicidade foram feitas com cores fortes e com diferenças em relação às outras seções do jornal para agradar aos potenciais leitores jovens.

O emprego do termo *teen* é uma orientação do jornal que permite reflexões. O Caderno "Folhateen" diferencia o termo *"teen"* dos outros dois mais comuns: "jovem" e "adolescente". *"Teen"*, abreviatura do inglês *teenager* (adolescente ou,

---

2 Silva, A. C. T. da. *Juventude de papel:* representação juvenil na imprensa contemporânea. Maringá, PR: Editora da Universidade Estadual de Maringá, 1999, p.65.

literalmente, "aquele que está na idade de 10 a 19 anos"), seria o jovem ou o adolescente desinteressado por política e por temas "adultos", enquanto os outros dois termos seriam mais utilizados para assuntos "sérios": violência, política, desigualdade social. Embora a categoria *"teen"* seja apresentada como autônoma, independente e avessa ao mundo adulto é, na verdade, uma construção caricatural que reduz a condição juvenil ao consumo, ao lazer e ao ócio.

Já a segunda representação – do jovem como portador de uma cultura e de expressões independentes e destacadas dos adultos e da sociedade em geral – é lembrada criticamente por Erikson, quando o autor comenta que assistiu, no fim da década de 1960, a um documentário norte-americano sobre jovens em que os pais quase não apareciam.[3] Isso corresponderia a uma tentativa de descobrir a visão dos jovens sem a interferência dos adultos. No entanto, a juventude só existe *em relação* à idade adulta. Assim, eliminar o adulto não resolve o problema, apenas salientando a visão estereotipada de que os jovens são incompreensíveis e exóticos.

Esse quadro não é muito diferente hoje. Quando os meios de comunicação pedem aos jovens opiniões sobre diversos aspectos da própria "juventude", costumam induzir a produção de discursos artificiais, condizentes com as "respostas certas" esperadas pelos adultos. A narrativa produzida pela mídia se estrutura, com frequência, a fim de caricaturizar os jovens. Portanto, o suposto papel "mediador" no "conflito de gerações" que os próprios meios de comunicação alegam exercer acabaria, na prática, afastando ainda mais pais e filhos.

Entretanto, ainda outras duas opções se apresentam para os meios de comunicação: construir a imagem da juventude ligada à *delinquência* ou à *moda*. Na primeira, o "perigo juve-

---

[3] Erikson, 1976, p.29.

nil" retratado pela mídia não é fenômeno restrito ao Brasil. Mesmo em países desenvolvidos, a imprensa sensacionalista costuma salientar histórias e estatísticas referentes à juventude na qual as altas taxas de gravidez adolescente, as doenças sexualmente transmissíveis, o consumo de álcool e drogas, o suicídio e a violência são os protagonistas. Embora sejam realidades sem dúvida existentes, não podem ser generalizadas como essência da própria condição juvenil.

A outra opção mais comum nos meios de comunicação é transformar os *estilos* juvenis em *moda*. Os *estilos* seriam uma forma de expressão de *autonomia* das culturas juvenis, um meio de tentar escapar à *moda*. Já esta última corresponderia à noção de *consumismo* impulsionado pela indústria cultural. Há ainda outro caminho: os estilos podem ser abordados pela mídia como exotismo juvenil, correspondendo a uma espécie de olhar antropológico "colonizador" sobre o jovem.

Nesse contexto é que se fala de "tribos urbanas", ou seja, grupos de jovens que se identificam por adotarem modismos comuns, sendo cada um desses grupos caracterizado fundamentalmente por seu perfil específico de consumo de determinados bens. O termo "tribo" pode sugerir, inclusive, certa noção de que há uma suposta "selvageria" nos comportamentos "instintivos" desses jovens, exotizando-os ainda mais. Há desde a caracterização dos *punks* e *skinheads* como antissociais e "desajustados" (desviantes da "normalidade"), passando pelas jovens consumidoras de alto padrão (*patricinhas*) até os *nerds*, associados a comportamentos infantilizados ou "adultizados" ("não juvenis").

Algumas das "tribos" são identificadas em reportagem de uma revista brasileira de moda:[4] *patricinhas*, *clubbers*, *hip-hoppers* (cujas expressões são o *breakdance*, o *rap* e a gra-

---

[4] Cirenza, F., Carone, S. Vai procurar sua turma – jovens do Brasil. *Marie Claire (Rio de Janeiro, Globo)*, n.141, dez. 2003.

fitagem), *alternativos, sarados, nerds, executivos* ou *cowgirls* (moda *playboy* ou "sertaneja") e *break-girls* (ou *b-girls*). A *Folha de S. Paulo* destaca também *gays, bacaninhas, nada-a-ver-com-os-outros, playboys, modelos* (ou "o povo da moda"), *webdesigners, publishers* e *fotógrafos*, apontando um grupo recente: as *camilinhas* ou *neopatricinhas*.[5] Não nos esqueçamos também dos *mauricinhos* (versão masculina das *patricinhas*), *darks, góticos, rockabillys, hippies, surfistas, skatistas, hooligans, junkies, ravers, cybermanos* ou *internéticos, pitboys* (*playboy* + *pitbull*, raça canina conhecida pela agressividade) e aqueles ligados a diversos estilos musicais: *funk, reggae* (*rastafáris*), *samba, pagode, forró, rock* (entre os quais há vários subgrupos), "*romântico*" e *new agers*. Há, ainda, os grupos de jovens ligados às diversas religiões e partidos políticos, bem como os *ongueiros*.

Segundo a reportagem da *Marie Claire*, não importa qual é o grupo a que os jovens pertencem: "o que vale é dar o recado e dizer a que veio". Mas o que seria esse "recado"? Em essência, um conjunto de expressões (música, roupa, adereços, postura, comportamento), modos de viver e estilos que cada um desses grupos de jovens adota para se diferenciar dos outros e afirmar certos valores sociais e culturais. Do ponto de vista individual, representam, sobretudo, oportunidades de lazer e de socialização fora da esfera das instituições tradicionais (família, escola, trabalho).

Uma distinção das "tribos" pode ser estabelecida por fronteiras entre as classes sociais, expressas pelo consumo: *patricinhas, mauricinhos, executivos* e grupos semelhantes procuram construir um estilo que salienta sua condição de segmento socialmente privilegiado. Por sua vez, as *camilinhas* corresponderiam a *patricinhas* "empobrecidas" pela

---

5 Sampaio, P. Agora em versão eletrônica, 15 fev. 2004, Revista da Folha, *Folha de S. Paulo*, p.7-13.

crise econômica da década de 1990 – daí a designação *neopatricinhas*. Outros estilos enfatizam, ainda, sua condição de pertencimento à classe trabalhadora ou de moradores das periferias: *punks*, *skinheads* (ou *carecas*), *hip-hoppers*, *rappers*, *rastafáris* e *funkeiros*. Desses, os dois primeiros, em geral, têm afinidade com ideologias políticas (anarquismo e nazismo, respectivamente) e os demais ligam-se aos valores da negritude, ainda que com especificidades. Destacam-se também grupos juvenis associados a profissões relacionadas ao mundo da comunicação e da publicidade: *modelos*, *webdesigners*, *publishers* e *fotógrafos*. Por fim, há aqueles conhecidos pelo culto ao esporte e ao corpo (*surfistas*, *skatistas*, *sarados*), ainda que alguns associem-se a versões mais violentas ligadas a grupos de torcedores organizados, como os *hooligans*. Entre os agressivos, cabe lembrarmos dos *pitboys*.

A partir da década de 1970 ocorreu a formação de amplo contingente de consumidores entre os jovens de baixa renda, com o desenvolvimento dos serviços voltados principalmente para as esferas da diversão e do consumo de roupas. Esses novos mercados criaram as bases para a diferenciação interna entre os diversos grupos de jovens. A esfera do consumo cultural passou a englobar as classes populares, cujos jovens começaram a ter acesso aos *estilos*, sobretudo em função da influência dos meios de comunicação – em especial a televisão.

Todavia, boa parte dessas várias denominações só se configurou no Brasil a partir da década de 1980, quando o país experimentou um ciclo de depressão e crise econômica. Os jovens pobres passaram a buscar nos *estilos* formas alternativas de compensar a crescente desigualdade social e a retração do poder aquisitivo. Outra alternativa para a ocupação do tempo livre dos jovens trabalhadores existente há mais tempo são atividades como o escotismo, instituições como a Associação Cristã de Moços (ACM) e congêneres.

Para os jovens em melhores condições socioeconômicas, a resposta crescente à crise dos anos 80-90 e à redução dos espaços públicos de convivência e lazer foi de outra natureza: o confinamento em estabelecimentos como *shopping centers*, academias de esportes e casas noturnas, o que promoveu um corte censitário no público frequentador, criando uma espécie de "cordão sanitário" para os jovens das classes médias e altas evitarem o convívio cotidiano com os jovens de setores socialmente menos privilegiados.

Essa multiplicidade de estilos proporciona possibilidades diferentes de vivência da condição juvenil, desde as periferias até as classes privilegiadas (ainda que entre essas últimas isso seja mais viável). Além disso, correspondem a um espaço de socialização e a uma espécie de "institucionalidade" paralela àquelas representadas, por exemplo, pela família e pela escola. Assim, os *estilos* funcionariam como um rito de passagem para se construir identidades juvenis.

O surgimento desses novos padrões de comportamento mais autônomos em relação às instituições tradicionais e ao mundo adulto teria favorecido a generalização da ideia de que há uma ampla *cultura juvenil* internacionalizada e não mais uma subcultura restrita a jovens socialmente marginalizados e a estudantes. Aliás, em relação aos estudantes, é necessário dizer que esse segmento juvenil é um dos que não deixa de apresentar uma face associada ao consumo cultural, pois as instituições escolares acabam por incentivar os jovens alunos ao consumo de bens culturais.

Esportes: símbolo de vitalidade

O esporte é um dos elementos do consumo cultural mais associados ao que se supõe ser a essência da condição juvenil. O vigor físico, a luta pela vitória e as torcidas constituíram-se em parâmetros que aproximam a juventude ao esporte. Além disso, as práticas esportivas foram concebidas como possível meio de contenção de comportamentos violentos, indisciplina, agitação e rebeldia. Nos Estados Unidos, os esportes organizados foram introduzidos nas universidades com essa finalidade.

Nesse sentido, ainda hoje as práticas esportivas são entendidas como elemento de contenção social dos jovens. Um exemplo são projetos do Estado ou de ONGs que atuam em áreas carentes segundo o pressuposto de que os esportes são uma intervenção destinada a diminuir os índices de criminalidade/violência e a estimular os jovens a frequentar a escola. É evidente que tais projetos têm a sua importância e contribuem para melhorar certos aspectos das difíceis condições das periferias e zonas empobrecidas. No entanto, a importância dessas iniciativas construídas em torno de diversas modalidades esportivas talvez resida não tanto em sua capacidade de conter a violência, e sim no fato de se constituírem em *espaços públicos* capazes de abrigar jovens pobres – uma das características centrais dos bairros populares é a quase ausência de equipamentos públicos voltados para lazer e diversão. Tendo isso em vista, é preciso dizer que boa parte dos espaços públicos das zonas pobres são ameaçadores a seus moradores. O poder público costuma chegar a essas áreas mais pelas forças policiais do que por outros serviços, como educação e saúde.

Henry Giroux, referindo-se à experiência de morar em um bairro pobre quando era mais novo, relata: "Para muitos jovens da classe trabalhadora de minha vizinhança, a quadra de basquete era um dos poucos espaços públicos no qual o capital cultural que nós adquiríamos com seriedade podia ser trocado por respeito e admiração".[6]

---

[6] Giroux, H. *Fugitive cultures: race, violence and youth*. Nova York/Londres: Routledge, 1996, p.4.

De modo semelhante, um dos poucos espaços públicos em que os jovens brasileiros podem ser reconhecidos e admirados por suas habilidades é o campo de futebol. Não surpreende, portanto, que o principal lazer dos jovens em uma metrópole socialmente excludente como São Paulo seja o futebol praticado em campos de várzea, que se explica, entre outros motivos, pela falta de acesso a outros esportes e pelo baixo custo relativo para praticá-lo.

Afora esses aspectos, o futebol é, no Brasil, o esporte que mais está em evidência nos meios de comunicação. Transformado em espetáculo, caracteriza-se como elemento relevante na ideia que o brasileiro faz de sua própria nacionalidade. Ao mesmo tempo, é uma marca que mobiliza longa cadeia de consumo de produtos.

Para Martín Sagrera, o esporte como atividade corporal seria conveniente a todos, não apenas para a juventude. Contudo, se concebido como mero consumo e espetáculo em escala industrial não seria uma saída para os problemas da juventude. Ao contrário, representaria ainda maiores traumas e marcas para os jovens, pois a maior parte deles se frustraria por não poder entrar para o rol dos campeões e dos recordistas, peso significativo em uma sociedade competitiva como a atual. Além disso, desviaria a atenção para os graves problemas econômicos e sociais existentes.[7]

Por outro lado, o esporte também proporciona aos torcedores a possibilidade de se ligarem a grupos de socialização, em especial entre os jovens. É o caso das *torcidas organizadas* – muito fortes nos bairros populares –, que oferecem aos jovens um espaço de socialização capaz de ocupar, mesmo que de forma polêmica, o lugar do espaço público quase inexistente para esses segmentos da sociedade. As torcidas também ofe-

---

[7] Sagrera, M. *El edadismo: contra "jóvenes" y "viejos" – la discriminación universal*. Madri: Editorial Fundamentos, 1992, p.83-4.

recem proteção e segurança – ainda que frágil e precária – a seus integrantes e delimitam territórios de ação que o grupo sente poder controlar, mesmo que por poucos momentos (por exemplo, bailes).

Desse modo, as torcidas organizadas tornam-se uma referência pela qual os jovens a elas associados podem produzir uma cultura relativamente autônoma (hábitos comuns, gírias, uniformes especiais) e, inclusive, se inserir em aspectos da vida adulta. Ao mesmo tempo, representam um foco de força coletiva, uma "institucionalidade" paralela capaz de oferecer parâmetros e meios para interpretar e se relacionar com a família, a escola, a polícia, os dirigentes do clube etc.

As torcidas organizadas são estigmatizadas, sobretudo quando agem com violência, pois em tais ocasiões são encaradas pela sociedade adulta e oficial como um "desvio" em relação à norma social dominante, que deseja classificar as atividades esportivas e tudo o que gira em torno delas como necessariamente "pacíficas" e "ordeiras" por natureza. Na verdade, o esporte – bem como qualquer atividade social em geral – não é nem "pacífico" nem "violento" por princípio: ele é o que as pessoas fazem dele.

A relação entre esporte e juventude pode, ainda, ser observada pelo parâmetro da indústria cultural e do consumismo aí envolvido. Além disso, o esporte oferece à juventude possibilidades de socialização peculiares pela identidade dos que dela partilham (seja como praticantes, seja como torcedores). Contudo, há muitos jovens que simplesmente não são torcedores "fanáticos" nem praticam atividades esportivas. É o que constatou pesquisa do instituto Datafolha no primeiro semestre de 2004, segundo a qual 40% dos jovens paulistanos de 16 a 25 anos não praticavam nenhum esporte devido a hábitos sedentários, excesso de trabalho ou falta de acesso ao lazer na periferia. Essa porcentagem teria grande variação de gênero: 56% das meninas não fazem nenhuma atividade física, enquanto entre os meninos este número é de apenas 24%, em parte devido à opção barata do futebol.[8]

Com efeito, podemos perceber que o quadro de exclusão social faz que jovens praticantes de esportes de classes diferentes também vivam situações distintas. Enquanto a juventude mais favorecida tem a oportunidade de escolher entre diversas modalidades esportivas, entre as quais as que exigem mais recursos financeiros para a sua prática, os jovens pobres ficam à mercê de restritas opções e muitas vezes têm dificuldades para desenvolver atividades esportivas, pois trabalham, estudam ou fazem ambos. Quanto às meninas, a reportagem aponta um quadro ainda mais complicado, descrevendo o exemplo de um time feminino de futebol que teve curta duração, uma vez que das onze meninas que o integravam, uma teve filho e outra se casou, inviabilizando sua continuidade.

Expressões musicais da juventude

O cultivo e o consumo da música são, também, importantes elementos da(s) cultura(s) jovem(ns) nas sociedades modernas. A facilidade de acesso a mecanismos de reprodução audiovisual (aparelhos que tocam discos ou "baixam" músicas, fitas magnéticas, *compact discs*), *shows* musicais, revistas especializadas no assunto, internet etc. vem a ser um reflexo do impacto que esse ramo da cultura exerce sobre as gerações mais novas.

Contudo, assim como ocorre com outras práticas culturais, a música (tanto em sua dimensão de prática instru-

---

[8] Kormann, A. Esporte nos extremos. *Folha de S. Paulo*, 15 mar. 2004, Folhateen, p.7.

mental/vocal como no que se refere ao público ouvinte) é um dos elementos que compõem o que seria a essência da condição juvenil segundo as representações que a sociedade constrói sobre essa etapa da vida. A música tem uma história relativamente recente como fenômeno juvenil associado ao consumo cultural. Isso porque foram condições como a urbanização, a industrialização e a ampliação dos meios de comunicação que impulsionaram a música como espetáculo da indústria cultural.

O surgimento de massas de fãs (do inglês *fan*, forma abreviada de *fanatics*, "fanáticos") jovens e de artistas na condição de estrelas não tem muito mais do que meio século. Talvez um dos primeiros ídolos em moldes parecidos aos de hoje tenha sido Elvis Presley (1935-1977). Seus agentes publicitários criaram, em fins da década de 1950, uma série de produtos – além de discos – destinados à venda para os admiradores como nunca se tinha visto antes no comércio musical.

No entanto, foi a partir da década de 1970 que a relação da juventude com a música adquiriu maior visibilidade. O movimento *punk* colocou na ordem do dia a questão do monopólio da indústria musical por parte das grandes gravadoras. Por sua vez, o aperfeiçoamento técnico e a redução dos preços dos equipamentos de execução e produção musical permitiram o início de um movimento que cada vez mais se intensifica: a proliferação de produções musicais independentes.

Em resposta, as grandes gravadoras mudaram sua estratégia de atuação: não mais podendo controlar a multiplicidade de artistas autônomos no mercado, focaram-se na produção de grandes artistas e na *distribuição* de discos/CDs. O novo monopólio não reside mais no âmbito da criação, mas na seleção dos artistas que serão colocados no circuito comercial e divulgados pelos meios de comunicação.

Por sua vez, é interessante ressaltar que o mercado consumidor jovem no campo da música tem sido um fator que, às vezes, rompe com a lógica do monopólio da distribuição. É o caso do circuito do *rap* (iniciais da expressão *rythm and poetry*, "ritmo e poesia"), em que há conjuntos que conseguem mobilizar grande audiência, muitas vezes sem ter nenhum apoio midiático ou visibilidade especial nas lojas de discos.

De maneira semelhante, a música eletrônica e as festas populares de rua (*raves*) são, hoje, um dos campos que mais oferecem possibilidades de rompimento com a lógica dos grandes monopólios. É relativamente fácil produzir música eletrônica – estilo que predomina nas *raves* –, pois não exige como pré-requisitos alfabetização musical ou formação técnica excessivamente sofisticada. Ademais, pode ser feita com equipamentos não tão caros. Desse modo, aumentam muito as possibilidades de que segmentos jovens cada vez mais amplos da população se envolvam na produção e no consumo dessa cultura musical.

Essas novas formas de relacionamento dos jovens com a música apontam também para duas tendências opostas simultâneas. Se estilos como a música eletrônica, o *rap* e outros permitem expressões autônomas dos jovens e funcionam como meios de construção de um discurso juvenil com potencial de subversão do sistema, agem também anestesiando os sentidos dos espectadores. O ritmo repetitivo e a combinação inusitada de sons, quando acompanhados por ambientes com luzes especiais e consumo de substâncias psicoativas, muitas vezes proporcionam mais a desconstrução e a desarticulação social e individual (ainda que esta seja importante em alguns momentos específicos, como "válvula de escape" para as pressões cotidianas e oportunidade de liberação do acúmulo de energia) do que a agregação socializadora, que se torna fugaz e instável nesses contextos.

Um quadro do qual se pode falar com mais precisão é o das manifestações como o *punk* e o *reggae*, estilos adotados no início pelas juventudes jamaicana, inglesa e dos Estados Unidos, em especial desde a década de 1970 e logo transformados em fenômeno internacional, com ampla acolhida em diversas culturas. Os estilos *punk* e *reggae* tiveram estreita relação, com destaque para a Grã-Bretanha, pois ambos eram expressões das classes trabalhadoras (respectivamente dos jovens brancos e negros), que estabeleciam certo padrão de fuga da indústria cultural e crítica ao sistema, cada um com seus matizes.

Dick Hebdige salienta que, enquanto a música *punk* depende dos agudos, o *reggae* confere maior importância aos sons graves. Por sua vez, enquanto o estilo *punk* lançava ataques frontais contra o *status quo*, o *reggae* preferia a crítica ao sistema por metáforas e alusões. Mesmo assim, ambas tinham fortes laços de afinidade devido à repressão comum promovida pela polícia e pelos defensores da moralidade tradicional. Por manifestarem solidariedade à comunidade negra britânica, os *punks* foram diversas vezes atacados em confrontos violentos pelos *teddy boys* (jovens ingleses excêntricos de classe média) em 1977. A estética *punk* pode ser entendida, inclusive, como uma espécie de "tradução" da "negritude" para o contexto da identidade nacional dos brancos.[9]

Por outro lado, parte dos jovens trabalhadores pobres adotou atitude inversa (os *skinheads* ou carecas), desenvolvendo atitudes belicosas em relação à cultura negra – e imigrantes em geral – e combatendo os *punks*, sendo que estes últimos tenderam a adotar posições próximas ao anarquismo, poucos anos após o início do movimento. Os *skinheads* surgiram como expressão de agressividade, masculinidade

---

9 Hebdige, D. *Subculture: the meaning of style*. Londres/Nova York: Routledge, 1994 (1.ed.: 1979), p.64.

e virilidade dos jovens operários ingleses (características também valorizadas entre os *pitboys* brasileiros do início do século XXI, ainda que não sejam *skinheads*). No Brasil, gangues de jovens que se reúnem para espancar e queimar moradores de rua seguem atitudes e atividades próximas às dos *skinheads*, embora não necessariamente se autoidentifiquem assim.

No caso do *reggae*, cabe dizer que esse estilo musical foi a expressão da cultura rastafári, que se baseava na ideia de que a subida de Haillé Selassié ao trono da Etiópia, em 1930, representava o cumprimento da profecia bíblica acerca da iminente queda da "Babilônia" (ou seja, do poder colonial branco) e a libertação da raça negra. O *reggae* lembra sentimentos de nostalgia da África (assim como o *blues*), os sofrimentos da escravidão, misticismos populares e desejos libertários. Na Grã-Bretanha, a cultura rastafári tornou-se um estilo dos jovens procedentes da Jamaica em fins dos anos 60, quando houve uma série de confrontos entre as autoridades e a comunidade negra britânica, levando a uma radicalização desses jovens.

Esses movimentos e culturas juvenis chegaram ao Brasil principalmente na década de 1980. O movimento *punk* passou a chamar a atenção para os problemas do cotidiano e questões como o armamentismo, a contaminação ambiental, as guerras, a violência e as drogas.

Possuindo as mesmas raízes que o *reggae*, o *rap* articula tradição ancestral africana e tecnologia moderna, denunciando a injustiça e a opressão contra os guetos negros urbanos. Os *rappers* estabeleceram no Brasil uma imagem de si próprios como "porta-vozes" da periferia, inserindo-se em um quadro diferente do *rap* produzido nos Estados Unidos, país onde os negros representam segmento minoritário em termos quantitativos. Por isso, adquiriram grande penetração entre os jovens das camadas populares no Brasil. O *funk*, por sua vez, iniciou-se no Rio de Janeiro em bailes *black* da periferia na década de 1970, estabelecendo uma imagem própria de cultura mais voltada ao lazer e à diversão, embora também com raízes na identidade negra.

Ao observarmos tantas manifestações e expressões da(s) cultura(s) juvenil(is), fica claro que cada vez mais essa etapa de vida adquire caráter autônomo e vem deixando de ser mera etapa preparatória para o ingresso na vida adulta. Assim, mesmo com todos os problemas (acesso à educação, ingresso no mercado de trabalho, violência, formação de nova família, possibilidade de aquisição de bens de consumo etc.), os segmentos jovens têm se constituído em poderosa força que influirá de maneira intensa e decisiva nos rumos das sociedades modernas.

Considerando que o espaço urbano é o lugar por excelência da juventude e que há uma clara tendência de as cidades abrigarem um número crescente de habitantes, as manifestações das culturas juvenis tendem igualmente a proliferar e se complexificar de modo a configurar um novo panorama cultural que, atualmente, talvez ainda se caracterize como um simples esboço da multiplicidade de expressões juvenis que aparecerão. Trata-se de pensar como o espaço público urbano se estruturará em sua relação com as culturas dos jovens, pois estas últimas são pouco reconhecidas como legítimas pelo mundo adulto, que ocupa o espaço e o tempo oficiais da sociedade.

2 A cultura juvenil como fenômeno urbano

A saturação das cidades é um fenômeno que tem-se desenvolvido de forma mais aguda nas últimas décadas. A população que habita os espaços urbanos cresce de modo desordenado em quase todas as nações, ainda que o problema seja mais dramático nos países subdesenvolvidos e em desenvolvimento. As principais dificuldades são por demais conhecidas: recursos hídricos insuficientes, poluição ambiental, transportes deficientes, moradias precárias, elevado custo de vida, altas densidades demográficas concentradas em algumas áreas, insegurança, crescente desigualdade social (mesmo em países desenvolvidos, com destaque para os Estados Unidos), insuficiência de recursos estatais para investimentos e melhorias etc. Por outro lado, elas concentram grande parte dos empregos existentes (cada vez mais escassos), ainda contam com os maiores parques industriais estruturados e oferecem as melhores possibilidades de acesso a tecnologias avançadas e bens culturais.

Ao mesmo tempo, se lembrarmos que a(s) juventude(s) é(são) um produto próprio das cidades, fica claro que esse segmento é particularmente afetado pelos problemas e vantagens dos espaços urbanos. Contudo, as políticas públicas voltadas para os jovens ainda são recentes. Não por acaso, encontram-se mais bem organizadas em governos municipais, que se defrontam no dia a dia com as questões relativas à juventude.

Cidades: espaços da juventude

De acordo com a faixa etária utilizada pelo IBGE (15 a 29 anos), os jovens brasileiros eram cerca de 51 milhões em 2006[1] (mais de 25% da população total), dos quais pouco mais de 80% viviam nas cidades. Ou seja, a questão da juventude é eminentemente urbana no Brasil. Além disso, os jovens são, em sua maioria, pobres, com mais de 50% deles nas classes D e E (são pouco mais de 35% na classe C, 11,2 % na classe B e apenas 1,3% estava na classe A).[2] A ampliação das classes médias urbanas promoveu também o aparecimento de novos segmentos que tiveram acesso à escola. Nas décadas de 60 e 70, os movimentos estudantis tornaram-se o símbolo por excelência da juventude. Ser jovem significava, sobretudo, ser estudante. Assim, as atenções que a sociedade e o Estado dispensavam à juventude se resumiam, em geral, a discussões sobre educação e o potencial de rebeldia estudantil.

O panorama se altera a partir da década de 1980, colocando as diversas "tribos" e subculturas juvenis em um primeiro plano e trazendo à tona os problemas da juventude como essencialmente urbanos. A própria discussão das "tribos" juvenis já implica a análise das relações entre urbanidade e juventude. Tanto que a denominação corrente empregada nesse contexto é "tribos *urbanas*". Os jovens costumam aderir a esses grupos na adolescência, quando começam a romper laços com o mundo infantil e familiar e buscar novas referências: o contato com outros jovens amplia a rede de relações sociais, permite novas formas de viver o tempo livre e aumenta a possibilidade de apropriação de alguns espaços do bairro e da cidade.

---

1 Castro, J. A. de, Aquino, L. (Orgs.). *Juventude e políticas sociais no Brasil*. Brasília: Ipea, 2008, p.16.
2 Abramovay, M., Castro, M. G. (Coords.). Juventude, juventudes: o que une e o que separa. Brasília: Unesco, 2006, p.20.

Ou seja, a condição juvenil ingressou em um processo de transformações significativas, tentando reconquistar, de modo alternativo, espaços públicos perdidos e refazer conscientemente redes de solidariedade e de socialização, parte delas esgarçada em função de uma sensação de esgotamento da figura do "estudante revolucionário".

No Brasil, mesmo as passeatas pró-*impeachment* dos estudantes caras-pintadas, nos anos de 1991 e 1992, não foram capazes de alimentar uma revitalização dos ideais da "geração 68". Após o fim das manifestações, permaneceu apenas um interesse crescente dos meios de comunicação pelos jovens como potenciais consumidores: foi criada uma série de produtos voltados para esse público, como seriados, programas de televisão e cadernos jornalísticos.

Ainda que essa reação tivesse sido essencialmente uma iniciativa da indústria cultural que buscava mais consumidores em um segmento de mercado específico – mas ao mesmo tempo excluía grande parte dos jovens pobres –, esse fenômeno já indicava que os jovens cada vez menos poderiam ser ignorados no contexto da vida urbana. Visto que eles não podiam mais ser esquecidos, uma alternativa forte era considerá-los sob o estereótipo unilateral e condenatório da delinquência, observando seus comportamentos como estranhos e agressivos.

Movimentos juvenis urbanos

A juventude é corriqueiramente rotulada por estereótipos e caricaturas ligados à delinquência ou a seus comportamentos "exóticos". Desse modo, os jovens costumam ser representados como excêntricos ("tribos urbanas") ou rebeldes sem causa. Essas construções veem a juventude em seu potencial desestabilizador da ordem urbana e deitam raízes históricas em um período mais recuado, que pode ser identificado no Movimento Juvenil Alemão (*Jugendbewegung*), que desde a última década do século XIX organizava excursões às zonas rurais para fugir do espaço "artificial" urbano e retomar valores ligados à natureza, ao folclore, além de tentar fundar uma nova sociedade em que os jovens se "autoeducariam" e estariam desvinculados dos valores das gerações precedentes. O movimento defendia que a vida juvenil deveria ser totalmente separada da sociedade adulta.

Além dessa reação dos jovens alemães, houve outras tipicamente urbanas que adentraram o século XX como, por exemplo, *angry young men*, *lost generation*, *beat generation* (*beatniks*), *teddy boys*, *blousons noirs* e *hooligans*, manifestações próprias das classes médias em busca de lazer e diversão. A exceção, entre estes, era o movimento *beatnik* norte-americano, que também se destacou por desenvolver forte solidariedade para com os setores marginalizados daquele país (cultivou o *jazz* afro-americano). As expressões de autonomia juvenil perante as instituições tradicionais e o mundo adulto eram vistas pela sociedade como perigosas e preocupantes desde o século XIX, atitude que ainda mantém sua força nos contextos urbanos da atualidade.

Ainda que as classes médias tenham sido as protagonistas mais conhecidas de movimentos juvenis, a juventude dos bairros pobres também já se organizava em importantes expressões e movimentos juvenis desde fins da década de 1930. No entanto, "as perspectivas dominantes estabeleceram que nas zonas e bairros populares havia delinquentes, desocupados ou trabalhadores, mas não movimentos juvenis".[3]

Mas se a(s) juventude(s) das classes populares foi esque-

---

3 Valenzuela Arce, J. M. *Vida de barro duro*: cultura popular juvenil e grafite. Rio de Janeiro: Ed. UFRJ, 1999, p.75.

cida durante muito tempo, passou a ocupar o primeiro plano no debate sobre as culturas juvenis com a crise econômica de fins das décadas de 1970 e parte dos anos 80. A face mais conhecida dos grupos de jovens pobres urbanos são os *pichadores* e os *grafiteiros*, que fazem novos usos do espaço público das cidades mediante inscrições em muros, casas, prédios e outros locais possíveis.

No Brasil, a diferença fundamental entre grafiteiros e pichadores é que os primeiros fazem, em geral, desenhos e pinturas murais mais sofisticadas, enquanto os outros preferencialmente marcam seus nomes, apelidos e símbolos em muros, placas e locais quase inacessíveis. No caso dos pichadores, seus registros demarcam presença no espaço público, que muitas vezes não se mostra acolhedor ao jovem. Trata-se de uma espécie de retomada simbólica do bairro, do território em que se vive, implicando a noção de certo poder paralelo às instituições oficiais e oficiosas. Já entre os grafiteiros a tendência é uma espécie de "cooptação" ou integração efêmera nas franjas das instituições tradicionais, por projetos sociais coordenados pelo Estado ou por ONGs.

Enquanto os grafiteiros tendem a ser menos rejeitados pela sociedade oficial, os pichadores costumam ser alvo mais frequente de forças policiais. No entanto, um mesmo jovem costuma transitar entre as atividades de grafitagem e de pichação, sendo muitas vezes esta última a iniciação nesses grupos, ainda em tenra idade. A classificação que generaliza pichadores e grafiteiros como delinquentes é um estigma sofrido por tais jovens, que vivenciam, na verdade, a atividade como elemento de lazer/arte. O envolvimento com violência e criminalidade depende de uma sorte de outros fatores e não ocorre em boa parte dos casos. Mesmo quando acontece, pode significar a oportunidade de ingresso no mundo adulto (embora à margem da lei), uma espécie de transição entre a falta de acesso à escolaridade/bens culturais e a "profissionalização", ainda que seja uma profissionalização no crime, em atividades ilegais "autônomas" ou associando-se a organizações com moldes empresariais.

Na maioria dos casos, os demais movimentos de jovens pobres têm sua própria "institucionalidade". Os movimentos e subculturas juvenis desenvolvidos nas zonas populares foram erroneamente associados ao rótulo da "rebeldia sem causa", fenômeno característico *das classes médias*. Os "rebeldes sem causa" procuravam, acima de tudo, diversão e lazer.

Diferentemente dos movimentos de classe média, José Manuel Valenzuela Arce comenta o interessante caso dos *pachucos* nas zonas urbanas pobres das regiões de fronteira entre México e Estados Unidos. O *pachuquismo* foi um importante movimento juvenil urbano de mexicanos do norte e de *chicanos* do sul dos Estados Unidos nas décadas de 1930, 40 e 50. Seus integrantes vestiam trajes folgados (*zoot-suit*), usavam correntes na cintura, *sombreros*, eram tatuados e tinham linguajar próprio. Adotavam gestos e atitudes desafiadoras e utilizavam símbolos mexicanos, em contraposição à cultura anglo-saxônica. Mulheres jovens também participavam dos grupos de *pachucos*. Em 1943, depois de motins juvenis de grande proporção em Los Angeles, nos quais foram destruídos cinemas, parques públicos, piscinas e outros espaços públicos frequentados por mexicanos, esses jovens foram alvo de intensa repressão policial e militar.

Caso similar a esse é o das gangues jovens de *cholos* e negros nos Estados Unidos, que também se reúnem em grupos com hierarquias, códigos de conduta, linguagem, roupas, tatuagens e outros símbolos que os identificam e os diferenciam de outros. O envolvimento com a violência, o tráfico de drogas e o uso de armas é sempre uma variável possível em tal contexto, mas não necessariamente ocorre, ainda que esse seja o estigma lançado sobre esses movimentos por parte das instituições tradicionais e dos meios de comunicação.

Casos mais recentes de explosão da rebeldia dos jovens pobres diante dos espaços que a sociedade oficial e adulta lhes concede podem ser destacados em momentos como a revolta negra de Los Angeles (Estados Unidos, 1992) e a queima de carros e enfrentamentos com as forças de segurança nas periferias de diversas cidades francesas (com destaque para o fim de 2005), fenômeno que se alastrou depois para outros países da União Europeia. Nos dois casos, os jovens foram protagonistas dos eventos, manifestações de reação contra ocorrências de violência policial (no primeiro caso, contra negros e, no segundo, contra imigrantes; ambas, portanto, ligadas a percepções de diferenças raciais, nacionais e culturais) não punidos pelos poderes constituídos.

No Brasil, os movimentos juvenis em áreas pobres urbanas adquiriram maior visibilidade a partir da década de 1980 e, em especial, na segunda metade dos anos 1990, sendo constituídos, em sua maioria, por jovens do sexo masculino. Agremiações como as *galeras* (principalmente no Rio de Janeiro) podem ser pensadas como uma das marcas dos jovens da atualidade, que assim se organizam de forma alternativa à família e à escola e se apropriam dos espaços públicos e das ruas, além de estruturar seu tempo de lazer de modo peculiar.

Em contrapartida a esses contextos urbanos, nos quais se destaca a redução progressiva dos espaços públicos, a desigualdade social e a restrição de direitos sociais, tanto no que se refere à educação como ao trabalho, a questão da violência juvenil é um dos temas que mais se discute. A principal instância em que esse debate ocorre é o Estado e seu esforço de oferecer políticas públicas destinadas a conter o problema, com destaque para a juventude dos bairros populares.

Menoridade e estigmatização da delinquência

Adolescentes e jovens foram tradicionalmente compreendidos pela posição que ocupam no sistema de classes. No caso brasileiro, até a década de 1980 havia clara distinção legal entre os filhos das classes populares e os dos segmentos socioeconômicos mais favorecidos. Estes últimos quase nunca eram denominados "menores", termo que praticamente se restringia à juventude pobre (composta por negros/índios, assim como por famílias pobres), e sim "crianças", "adolescentes" e "jovens". Ou seja, aos pobres, deveres, repressão/contenção social e os estigmas da delinquência e da "selvageria"; aos mais favorecidos, direitos, acesso a recursos e bens sociais, compreensão, apoio psicológico e tolerância. Na década de 1990, as diferenças de tratamento começaram a ser criticadas, em parte na esteira das discussões em torno da Constituição Federal de 1988 e do Estatuto da Criança e do Adolescente (ECA) (1990).

O estigma da delinquência atribuído ao menor pobre configurou-se, não por acaso, logo após o fim do regime escravista (1888) e a subsequente proclamação da República (1889). Desde a primeira década do regime republicano brasileiro, crianças, adolescentes e jovens pobres começaram a ser rotulados como criminosos, mendigos e desocupados. Pouco tempo antes, esses jovens eram os filhos e as filhas de escravos ou de trabalhadores que viviam em regime de semisservidão, entre os quais os miscigenados e os índios – todos estes entendidos como "inferiores", de uma perspectiva racista.

Já na década de 1920, a cultura discriminatória que associava jovens pobres à criminalidade/delinquência foi sistematizada pela criação do primeiro Código de Menores e do primeiro juizado para menores, quando se estabeleceu a correspondência entre "menor" (pobre) e "infrator". Nessa época, crianças e jovens órfãos, abandonados e infratores foram equiparados em uma mesma categoria. Catalogados como "perigo" social, podiam ser detidos e confinados com presos adultos. Tal modelo permaneceu na legislação até o fim dos anos 80.

No entanto, ainda hoje, os termos utilizados para descrever a condição dos menores não têm um sentido muito diferente das concepções predominantes no século XX: o jovem pobre é denominado "delinquente", "carente", "abandonado", "infrator" ou "em situação de risco", havendo variantes da última expressão.

A denominação "em situação de risco" era empregada desde antes do século XIX para designar o risco de perda de mercadorias em viagens marítimas. Também era empregada para se referir ao risco de perder carregamentos de escravos africanos traficados para as Américas. Para os proprietários de escravos nessas sociedades, perder carregamentos dos navios negreiros significava perder dinheiro e mão de obra. De modo parecido, os jovens "em situação de risco" da atualidade são aqueles que a sociedade teme "perder" para a "vida criminosa", isto é, perder como capital humano – mão de obra disponível para o mercado de trabalho (informal ou formal).

Do mesmo modo que as concepções e terminologias jurídicas, os nomes das instituições de recolhimento de "menores" mudaram recentemente, mas o quadro concreto pouco se alterou. A antiga Febem, instituição organizada em diferentes estados brasileiros (cuja denominação atual difere conforme a unidade federativa), surgiu nos anos 60 e estabeleceu como objetivo identificar "patologias", "desajustes" e "desvios de conduta" a serem "corrigidos" em crianças e jovens. Tal posição levou a legitimar punições arbitrárias aos internos desses estabelecimentos, derivadas de estigmas e preconceitos.

Um dado relevante refere-se à responsabilização criminal, cuja idade mínima atual é 18 anos. Durante a última ditadura militar (1964-1985), esse limite era mais recuado (o jovem já podia ser responsabilizado criminalmente a partir dos 16 anos), sendo essa uma das raízes que podem explicar a formulação de alguns setores sociais a fim de propor a redução da atual maioridade penal.

O drama da mortalidade juvenil

O principal conjunto de leis para crianças, adolescentes e jovens – Constituição de 1988 e ECA (segundo o qual a adolescência vai dos 12 aos 18 anos) – mudou a perspectiva de atuação do Estado diante da juventude, salientando a obrigação dos poderes públicos de oferecer condições dignas aos jovens pobres para que eles não vejam no crime a única ou a mais atraente alternativa de vida. Todavia, poucas foram as mudanças concretas no modelo seguido pelas instituições de recolhimento dessa população.

Ao contrário do que se imagina, os crimes contra a vida perfazem apenas cerca de 10% das acusações contra jovens que são internados na instituição sucessora da Febem, denominada Centro de Atendimento Socioeducativo ao Adolescente (Casa) no Estado de São Paulo desde 2006 (em outros estados, há denominações novas, parecidas com a paulista). Assim, a identificação do jovem interno como assassino (frequentemente estimulada pelos meios de comunicação, em especial quando ocorrem rebeliões nesses estabelecimentos) é, sobretudo, um estereótipo.

Aliás, esses jovens pobres – em especial os do sexo masculino – vivem exatamente o problema oposto: constituem o segmento etário mais vitimado por crimes provocados por armas de fogo (cerca de um terço do total), com destaque para os assassinatos. Enquanto a taxa de mortes infantis caiu ligeiramente de 1980 a 1995, aumentou sobremaneira entre jovens e adultos jovens (dos 15 aos 24 anos) no mesmo período. Em 1995, a mortalidade de jovens do sexo masculino correspondia a 75 homicídios a cada mil adultos jovens e, na ocasião, só perdia para a Colômbia no panorama internacional, país em guerra civil há décadas.

Falando em termos mais gerais, o número total de mortes derivadas de causas externas (das quais constam homicídios, acidentes de transporte e suicídios, nessa ordem de importância) foi de 76,5 em 2001, 81,3 em 2003 e voltou para o patamar de 75 em 2005[4] (dos 15 aos 24 anos). Se, no entanto, as mortes derivadas de causas externas (inclusive os homicídios) caíram em meados da primeira década do século, a faixa etária de jovens do sexo masculino de 20 a 24 anos registrou o número alarmante de 261,80 mortes violentas por mil habitantes (entre as jovens do sexo feminino, o mesmo índice foi 58,43 por mil), que se equipara aos índices observados em guerras.

A diferença é ainda mais sentida de acordo com o segmento étnico-racial: a média mencionada de 261,80 mortes violentas de jovens para cada mil habitantes é desigualmente distribuída em 325,04 para negros e 204,58 para brancos.[5] As mortes violentas de jovens negros são cerca de dois terços do total para os jovens. Assim, pode-se inferir que o problema não é só de natureza social, mas sociorracial. Aliás, isso se percebe em diversas outras estatísticas, nas quais brancos pobres são menos desfavorecidos que negros pobres.

As altíssimas taxas de mortes violentas entre jovens brasileiros são mais elevadas nos centros urbanos. Dados do Índice de Desenvolvimento Juvenil (IDJ) de 2004 (coleta-

---

[4] Waiselfisz, J. J. Relatório de Desenvolvimento Juvenil 2007. Brasília: Instituto Sangari/Ministério da Ciência e da Tecnologia, 2007, p.97.
[5] Castro & Aquino, 2008, p.56.

dos em 2001-2003) de alguns estados merecem ser citados: Rio de Janeiro, com 128,5 mortes violentas para cada mil habitantes; São Paulo: 111,6; Distrito Federal: 108,4. Na maioria dos casos, "mortes por motivos banais que envolvem parentes, amigos ou conhecidos".[6] Já o IDJ publicado em 2007 (dados de 2003-2005) apresenta números menores, porém ainda preocupantes: Estado do Rio de Janeiro com 119,3 mortes violentas para cada mil jovens; Estado de São Paulo: 64,1; Distrito Federal: 89,2.[7]

No entanto, sabemos que os dados de mortalidade juvenil que se referem aos centros urbanos são uma média e que há, portanto, bastante assimetria de acordo com as regiões. Bairros com melhores condições de moradia, segurança, serviços e espaços públicos têm números que não fogem às atuais médias mundiais de mortalidade juvenil. Já os bairros periféricos podem ter taxas ainda superiores às mencionadas na citação. Em Marsilac, distrito da cidade de São Paulo, a mortalidade de jovens de 15 a 19 anos era de 531,5 por cem mil habitantes de acordo com o Índice de Vulnerabilidade Juvenil (IVJ) publicado em 2004, com dados coletados referentes a 2000. A estatística mais recente é de 2005 e reflete uma diminuição da violência contra os jovens nos centros urbanos, em especial em áreas pobres. Alguns especialistas creditam a redução ao Estatuto do Desarmamento (2004).

Em relação à distribuição por regiões, o Brasil tem maior mortalidade juvenil no Sudeste, cujas taxas são mais que duas vezes superiores às da Região Centro-Oeste. Assim, concentra-se nos estados que têm as maiores metrópoles do país, o que caracteriza mais uma vez a mortalidade como problema dramático no contexto urbano. Isso se confirma na análise de nove regiões metropolitanas, onde os jovens

---

[6] Sato, S. Estudo derruba mito de que o jovem é "folgado". *O Estado de S. Paulo*, 15 mar. 2004, Geral, s. p.
[7] Waiselfisz, 2007, p.97.

de 15 a 24 anos são vítimas de mais de metade das mortes provocadas por armas de fogo. Nessa faixa etária, a maior parte das vítimas não tem ocupação específica nem profissão definida. A reportagem de Sandra Sato atribui o problema não à pobreza em si, mas à concentração de renda brasileira, hoje situada entre as cinco maiores do mundo – ou, se formulado de outro modo, à percepção aguçada e evidente do gigantesco fosso existente entre pobres e ricos.

No campo, a mortalidade juvenil também é alta, em especial entre trabalhadores rurais e os envolvidos na produção extrativa mineral. As regiões mais vulneráveis são as áreas de fronteira agrícola, que atraem grande quantidade de mão de obra, acima da capacidade de absorção em ocupações profissionais. Evidentemente, o excesso de trabalhadores é sobrestimulado, pois assim a demanda por trabalho diminui os salários e proporciona maior rotatividade da mão de obra.

E a juventude rural?

Sabemos que o fenômeno juvenil é sobretudo urbano, concentrando aí graves problemas enfrentados pelas gerações mais novas, particularmente nas áreas pobres dos países não pertencentes ao capitalismo central. Contudo, não podemos nos esquecer de que há também uma juventude rural, ainda que a tendência seja sua diminuição cada vez maior. No Brasil, 22% dos cerca de 51 milhões de jovens vivem no campo, representando um contingente social não negligenciável.

Os estudos sobre a juventude camponesa são raros entre as pesquisas sociológicas. O jovem do campo tende a passar da infância à condição adulta em curto período de tempo, em uma espécie de "amadurecimento precoce". A juventude é pouco significativa como etapa social da vida em regiões rurais, não havendo a valorização dos períodos intermediários entre as fases infantil e adulta. A falta de visibilidade do tema da juventude camponesa traz também como problema a ausência de políticas públicas para esse segmento específico.

A característica das relações sociais rurais é bem diversa se comparada às urbanas, o que faz da juventude nessas regiões um fenômeno peculiar que precisaria ser mais estudado. Por exemplo, a família nuclear urbana é muito diferente da rural. Nas famílias camponesas, diversas gerações convivem juntas, agrupam-se em pequenas vilas e dividem a responsabilidade de criar e educar os mais novos. Assim, os laços familiares, o controle exercido pelos mais velhos sobre os jovens e a importância da comunidade são muito mais fortes do que nas urbanidades.

De certa forma, essa consideração auxilia a compreensão do próprio fenômeno juvenil urbano: muitos jovens pobres das grandes cidades ainda têm resquícios de referências camponesas, pois a geração de seus pais ou a de seus avós frequentemente é originária de regiões rurais. Assim, o fenômeno das "tribos urbanas" juvenis poderia talvez corresponder, em parte, a uma memória social difusa e à recriação de elementos – mesmo que idealizados – dos laços sociais rurais das gerações anteriores. No entanto, se a ideia for correta, esse processo tenderá a ocorrer cada vez menos, pois o campo já foi bastante esvaziado por diversas ondas migratórias em direção às cidades, fazendo as novas gerações de jovens serem ainda mais urbanas do que as precedentes.

No caso do Brasil, há relevante caso histórico que reúne, sob a égide do tema da juventude, a discussão sobre urbanidade, campo e escolarização. Trata-se dos estudantes da Faculdade de Direito de São Paulo entre os anos de 1880 e 1930. Filhos da aristocracia rural paulista, os alunos viviam, em sua maioria, o período do curso superior como preparação para assumir os negócios da família ou ocupar altos cargos públicos, pois a Faculdade era restrita aos privilegiados e destinada à manutenção das esferas de mando e da estrutura de poder. Cursos superiores como esse eram um dos poucos espaços onde a juventude, identificada à condição estudantil, tinha existência social no Brasil da época.

No entanto, esses jovens filhos de fazendeiros, dos quais se esperavam comportamentos urbanos, modernos e refinados, tinham crescido convivendo com escravos (até 1888) e agregados, compartilhando da(s) cultura(s) popular(es) por eles produzida(s). Quando chegavam à Faculdade traziam hábitos e o gosto por músicas folclóricas rurais, vivendo em frequentes conflitos com a instituição, que raramente permitia a manifestação de tradições culturais dessa natureza. Ainda assim, tais estudantes não deixaram de carregar esse traço cultural, mantido mesmo nos círculos sociais mais elevados. Esse comportamento criou as bases para a estruturação de ideais nacionalistas no país, que se expressaram com destaque em diversos movimentos culturais das décadas de 1920 e 30.

Do ponto de vista histórico, o movimento estudantil foi um dos mais destacados fenômenos dos anos 60 e 70. A "geração 68", como ficou conhecida, revolucionou comportamentos, lutou politicamente, quebrou tradições, criou novas expressões de cultura e entrou para o imaginário coletivo como símbolo de mudança social. Na Europa, a juventude desconfiava daqueles que tinham "mais de 30 anos" porque essa geração mais velha aproximava-se daquela que tinha sido colaboradora ou tolerante com o nazi-fascismo. Nos Estados Unidos, lutou contra a segregação racial e contra a Guerra do Vietnã. Na África, contribuiu muito para o processo de descolonização. Mais tarde, nos anos 80, os movimentos juvenis tiveram participação ativa nos processos de abertura democrática na América Latina.

Todavia, após a onda de protestos e mudança de costumes dos anos 60 e 70, a juventude das décadas seguintes passou a se defrontar com problemas sérios. As questões da educação e do trabalho voltaram a ser cada vez mais alvo de preocupação por parte dos jovens – temas discutidos no próximo capítulo. A luta pelo acesso à escolarização da "geração 68" levou mais jovens aos sistemas de ensino e permitiu o acesso a níveis elevados de educação. Da mesma forma, as aceleradas mudanças no processo produtivo empurraram grandes contingentes populacionais ao desemprego e ao subemprego. Nesse contexto, os jovens foram especialmente afetados, o que fez que políticas públicas para esse setor se tornassem uma discussão de relevo na década de 1990, com predominância nas grandes metrópoles.

Mesmo mais envolvidas com as questões ligadas à juventude, as urbanidades sofrem com o problema da falta de articulação político-institucional entre as diversas esferas estatais com o intuito de dar atenção a esse segmento. Nos municípios há programas heterogêneos, que incluem a inserção no trabalho, ações consideradas de inclusão social, a criação de equipamentos sociais para a juventude, cursos e seminários. Além disso, alguns organismos específicos contam com a presença de jovens nos postos de gestão.

Na América Latina, as políticas públicas destinadas aos jovens começaram a se estruturar efetivamente também na década de 1990, mas com participação limitada destes na formulação e execução de tais políticas, não captando anseios e necessidades juvenis, que não podem ser percebidos apenas pela lógica das instituições tradicionais (família, escola etc.) e de uma perspectiva restrita às preocupações adultas. Da mesma forma, não basta colocar jovens no comando de políticas públicas para que elas tenham bons resultados, assim como não basta eleger presidentes que carreguem o rótulo de "jovens" para renovar um país (casos de Alan García, no Peru, e de Fernando Collor de Melo, no Brasil). É necessário, sobretudo, buscar alternativas para melhores condições de acesso à escolaridade e de ingresso dos jovens no sistema produtivo.

3 Idade para a educação ou para o trabalho?

Os avanços nas legislações de proteção da infância, adolescência e juventude são significativos hoje na maioria dos países. Se fossem cumpridos, essas fases da vida social deveriam ser contempladas com garantias de acesso à escola e de oferecimento de oportunidades no mercado de trabalho. No entanto, sabemos que esse não é o quadro no qual vive grande parte da juventude mundial. Embora haja diferenças substanciais entre as nações desenvolvidas e as demais, assim como entre classes sociais, escola e emprego são problemas que atingem cada vez mais os jovens e são objeto de preocupação por parte do Estado e de diversos setores sociais.

Se avançamos além da esfera política, há algumas questões a serem consideradas para compreendermos as expectativas que a sociedade cria a respeito da juventude e dos mecanismos postos à disposição para que os jovens possam construir seus projetos de futuro. Karl Mannheim explora duas questões fundamentais: o que a juventude pode dar à sociedade e o que pode esperar dos adultos. Esse questionamento também se aplica aos temas da educação e do trabalho: o que a sociedade pode esperar da juventude nesses campos? Da mesma forma, qual é o ponto de vista da juventude sobre o que os adultos lhe oferecem em termos de instrução e inserção no mercado de trabalho?

Algumas perspectivas teóricas

Para Mannheim, as gerações mais novas representam parte dos recursos latentes que toda sociedade dispõe e que deveriam ser ativados em favor de mudanças e transformações sociais. As diferenças entre as sociedades seriam, nesse aspecto, a forma pela qual utilizam o recurso representado pela juventude. Algumas a inibiriam (inclusive em espaços como a escola, evitando mudanças sociais), enquanto outras mobilizariam as iniciativas de mudança da juventude em favor do sistema social.

Já na vertente funcionalista de Eisenstadt, falhas e problemas no sistema educacional poderiam explicar a delinquência e outras "anormatividades" juvenis, pois a escola é considerada a principal instituição que promove a transição para a condição adulta nas sociedades modernas.

Eisenstadt não busca outras explicações na sociedade senão as que passam pelas instituições tradicionais (Estado, família, escola). Não se trata de dizer que a influência da escolaridade é nula para o jovem. No entanto, não se pode reduzir a existência das gangues ou o problema da violência, das drogas etc. a uma simples questão de incapacidade da instituição escolar em enfrentar o suposto "desajuste" juvenil.

Nesse sentido, a relação entre educação e juventude não deve se circunscrever ao âmbito da escola oficial, visto que ocorre o que se chama de "desinstitucionalização dos jovens", ou seja, o enfraquecimento de círculos como a família e a escola à medida que os jovens passam a ter mais tempo livre para atividades não submetidas à dinâmica dessas instituições tradicionais.

No caso da escola, também se observa o esgotamento da ilusão de ascensão social, antes vinculada à modernização industrial, ao crescimento da economia e ao quase pleno emprego. Há outros aspectos – além da escolarização – que influem na trajetória social do jovem estudante. Da mesma forma, o aprendizado dos conhecimentos escolares tem significados diferentes conforme a classe social.

Além disso, é preciso pensar em mudanças institucionais de modo que a escolarização não se restrinja a tentar moldar o jovem, mas também ouça suas preocupações. É nesse sentido que Juarez Dayrell propõe "uma mudança do eixo da reflexão, passando das instituições educativas para os sujeitos jovens, onde é a escola que tem de ser repensada para responder aos desafios que a juventude nos coloca".[1] Trata-se da ideia de que a escola deve se tornar um espaço capaz de abrigar os diferentes estilos, culturas e sentimentos juvenis em seu cotidiano como experiências legítimas e importantes para a sociedade.

Educação e analfabetismo no Brasil

Uma das possibilidades para analisar os impactos da educação na juventude é observar segmentos que sofrem de forma mais acentuada com a exclusão desse direito social. O exame da questão do analfabetismo no Brasil permite ilustrar parte das diferenças de classe que afetam jovens estudantes.

A alfabetização não significa apenas o aprendizado de um conjunto de técnicas de leitura e escrita, mas aceitar ou não os pressupostos da cultura letrada dominante, distinta da cultura oral em que o jovem e o adulto analfabetos vivem. Embora a ideia de garantir o acesso à alfabetização a todos os cidadãos seja um consenso, há muita discussão sobre a forma pela qual a universalização desse direito social deve ser

---

[1] A escola "faz" as juventudes? Reflexões em torno da socialização juvenil. *Educação e Sociedade* (Campinas, SP), v.28, n.100, p.1106, out. 2007.

promovida, uma vez que não basta alfabetizar para resolver problemas decorrentes de disparidades sociais agudas – é necessário também, por exemplo, o acesso a oportunidades de trabalho e a bens culturais.

O analfabetismo ainda é um sério problema brasileiro, visto que, no início do século XXI, cerca de 13% da população não sabia ler nem escrever, número que caiu para pouco menos de 10% em 2006, segundo o IBGE.[2] A despeito de esse índice estar diminuindo lentamente, a existência de um contingente significativo de brasileiros não escolarizados é um quadro constante há séculos. Entre os jovens de 15 a 24 anos, a média nacional de analfabetismo era de 2,3% em 2006, mas com disparidades regionais grandes: 1% na Região Sudeste e 5,3% no Nordeste brasileiro.[3] Aliás, este é um dos desafios da Educação de Jovens e Adultos (EJA) na atualidade: articular alfabetização com inserção no mercado de trabalho.

Apesar da gravidade do problema, a década de 1990 observou ênfase menor na promoção de políticas de educação voltadas para jovens e adultos, em parte devido à influência das orientações do Banco Mundial nas reformas educacionais do período. A educação voltada aos jovens é assunto de destaque no Brasil porque grande parte deles deixou de frequentar a escola antes de concluir as etapas básicas da escolarização. Dados de 2004 indicavam: "de cada 100 jovens brasileiros, apenas 48 estão na escola – e, desses, 29 encontram-se numa série compatível com sua idade, mas 19 estão defasados".[4]

Em 2006, menos da metade dos jovens de 15 a 17 anos frequentava o ensino médio, nível ideal para a faixa etária.

---

[2] IBGE. *Pesquisa Nacional por Amostra de Domicílio 2005-2006*. Brasília: IBGE, 2007, p.107.
[3] Castro & Aquino, 2008, p.33.
[4] Gaspar, M. É Santa Catarina. *Veja*, 17 mar. 2004, p.62.

Já na faixa de 18 a 24 anos, considerada a ideal para se frequentar a educação superior, há apenas 12,6% dos jovens matriculados nesse nível de ensino (em 1996 eram 5,8%). Embora o número tenha aumentado cerca de duas vezes em dez anos, isso é pouco quando se considera que a meta estabelecida pelo Estado brasileiro em 2001 era ter 30% dos jovens de 18 a 24 anos na educação superior em 2011. O fato de grande parte dos jovens brasileiros não cursar o nível de ensino ideal para a sua idade contribui para a exclusão desse contingente no mercado de trabalho, ainda que não haja tantos postos abertos para absorver a demanda. Nesse contexto, cabe lembrar que as disparidades entre meio urbano e rural são gritantes: ainda segundo dados de 2006, apenas 2,3% dos jovens (18 a 24 anos) do campo tinham acesso à educação superior, enquanto o mesmo número era de 16,3% nas cidades.[5]

Outras desigualdades também são fáceis de perceber. Não somente o critério da renda familiar é decisivo para a exclusão educacional: a situação desfavorável na qual os negros (que, segundo estatísticas conservadoras, constituem mais de 40% dos brasileiros) são colocados pela estrutura de nosso sistema social representa uma barreira sensível para a progressão escolar dos jovens dessa origem. No ensino superior, havia cerca de cinco vezes mais jovens brancos do que negros em 2004, diferença que se reduziu mais recentemente pela ampliação das políticas de ação afirmativa. Ainda segundo dados de 2004, entre os estudantes pobres (aqueles cujas famílias têm até meio salário mínimo de renda por pessoa), quase 70% são "pretos" e "pardos", nos termos utilizados pelo IBGE.

Não por coincidência, nas áreas rurais, onde a população negra é maior em termos proporcionais do que nas cidades,

---

5 Castro & Aquino, 2008, p.21, 40.

o acesso dos jovens à escolarização é ainda mais restrito não somente no que se refere à alfabetização, mas também na quantidade menor de anos e séries frequentadas pelos alunos.

Transição da escola para o trabalho

O acesso à educação escolar não é o único elemento capaz de explicar tantas desigualdades, ainda que seja fator de grande importância. Talvez o momento crítico nas sociedades modernas seja a *transição* do sistema educativo para o mercado de trabalho. Afinal, mesmo que o estudante conclua as diversas etapas da escolarização e até faça outros cursos de aperfeiçoamento profissional, não significa que haverá postos de trabalho esperando para que a transição ocorra.

As expectativas que o jovem pode ter em relação ao que a sociedade lhe oferece mudaram brutalmente: nas últimas décadas, o jovem permaneceu mais tempo no sistema educativo, vivenciando períodos maiores nos quais se intercalam estudos e diversas formas de inserção parcial no sistema produtivo. Ao mesmo tempo, a dificuldade de integração no mundo do trabalho nos últimos anos de escolarização tem colocado muitos jovens em situação de inatividade nessa etapa.

Contudo, o aumento do período de escolarização – reduzindo as pressões de ingresso da mão de obra das novas gerações no mercado e permitindo aos jovens se habilitarem mais para tentar obter melhor inserção profissional – é, em geral, ligado a segmentos menos fragilizados socialmente.

Com efeito, os estudantes com melhores condições econômicas têm maiores oportunidades de aproveitar as chances abertas pelo mercado de trabalho. Já os jovens de famílias de baixa renda tendem a ficar à margem dos setores mais dinâmicos e modernos do sistema produtivo – por isso, acabam em grande medida sendo excluídos da possibilidade de vivenciar a própria condição juvenil.

O tema da *transição* do jovem entre a escola e o trabalho constitui-se em uma das preocupações centrais para a análise sociológica. Diferentes perspectivas teóricas afirmam que os diversos modos de organização de educação (não somente a formal) constituem-se em uma das variáveis mais influentes para que os jovens ingressem no mercado de trabalho e tenham sucesso em suas carreiras profissionais.

Esses estudos enfocam, entre outros aspectos, a questão da "sobreeducação", ou seja, o impacto de uma quantidade maior de mão de obra com "excesso" de escolaridade, fenômeno que ocorre em escala mundial. Márcio Pochmann observa alta incidência de desemprego entre os jovens com título universitário no Brasil. García Espejo identifica fenômeno similar na Espanha: os trabalhadores com nível superior, não encontrando emprego em ocupações que exigem tal formação, buscam colocações em postos com menores exigências educacionais, sendo a mão de obra de nível médio empurrada para fora desse segmento do mercado de trabalho, e assim por diante.[6] No geral, o que ocorre é uma deterioração das oportunidades de trabalho para os jovens, inclusive para aqueles com melhor formação educacional.

Mesmo na Espanha, cerca de 60% dos primeiros empregos não exigem que o candidato tenha nenhuma formação educacional. Ao contrário dos simpatizantes das teorias que entendem que o indivíduo consegue sua ascensão social ou obtém êxitos profissionais *apenas* pelo mérito, García Espejo lembra que há estudos indicando que os emprega-

---

[6] García Espejo, M. I. *Recursos formativos e inserción laboral de jóvenes.* Madri: Centro de Investigaciones Sociológicas (CIS)/Siglo XXI de España, 1998, p.77.

dores preferem não contratar candidatos com muitos anos de educação, evitando assim possíveis problemas de insatisfação desses trabalhadores, cortando custos salariais e promovendo maior rotatividade da mão de obra.

Apesar de o fenômeno da sobreeducação ser, por vezes, uma possível barreira, a possibilidade de inserção no mercado de trabalho tende a ser menos difícil conforme o jovem tem mais anos de escolaridade. Mesmo assim, o desemprego e o subemprego são mais elevados entre os jovens do que entre os adultos, principalmente na América Latina (onde são cerca de duas a três vezes maiores; no Brasil, a diferença é de 3,5, conforme dados colhidos em 2005, tendo crescido em relação a 2002[7]). Em nosso país, o crescimento econômico e eventuais diminuições das taxas de desemprego global pouco contribuem para atenuar o difícil quadro em que vivem os jovens. Isso ocorre porque o aumento das vagas de emprego (não apenas para os jovens) em meados da primeira década do século XXI ocorreu, sobretudo, em postos que exigem baixa qualificação e escolaridade.

Para compensar os problemas observados na transição entre o término da escolarização formal e a inserção no mercado de trabalho, o Estado, desde os anos 90, vem procurando intensificar políticas públicas capazes de atenuar as dificuldades dos jovens nesse momento delicado. No Brasil, o governo Lula criou uma Secretaria no âmbito do Ministério da Educação para combater o problema da exclusão educacional, reunindo os programas de alfabetização e de escolarização de jovens e jovens adultos. No entanto, o patamar de jovens que não estão no sistema educacional praticamente não se alterou de 2004 a 2008, com mais da metade da população entre 15 e 29 anos sem estudar. "E

---

[7] Góis, A., Lage, J. Desemprego entre jovens é 3,5 vezes o dos adultos. *Folha de S. Paulo*, São Paulo, 21 maio 2008, Dinheiro, p.B3.

pelo menos 40% da desigualdade salarial no Brasil pode ser explicada pela questão educacional."[8]

Outras esferas estatais também se preocupam com a educação de jovens e adultos, por intermédio de parcerias e convênios de estados e municípios com organizações comunitárias e fundações privadas, no intuito de desenvolver programas educativos de alfabetização. No entanto, ainda que tais programas promovam alguma melhora nos níveis de alfabetização dos jovens fora da idade escolar ou atrasados em relação à série que deveriam estar cursando (com destaque para a faixa dos 15 aos 29 anos), é necessário lembrar que houve redução do investimento em educação de jovens e adultos na década de 1990. Portanto, as iniciativas estatais teriam, de início, de superar esse retrocesso, o que não pode ser feito apenas com rearranjos cosméticos da estrutura do Estado: é fundamental um aumento real do investimento público, o que se faz com políticas de financiamento de modalidades de ensino como essa. Ainda assim, políticas unicamente voltadas à escolarização resolvem apenas parte do problema, uma vez que se trata, sobretudo, da questão da dificuldade de inserção no mercado de trabalho.

Mercado de trabalho em tempos de crise global

Se, como vimos, a relação entre educação e trabalho é conturbada, a situação específica do sistema produtivo não é menos dramática. Diante das inovações tecnológicas, da progressiva internacionalização do capital e de outros elementos próprios ao quadro econômico atual, os empregos têm sofrido radical retração. O desemprego e a queda de

---

[8] Dantas, F., Caldas, S. Governo quer investir nos "excluídos". *O Estado de S. Paulo*, 15 mar. 2004, Geral, s.p.

renda dos trabalhadores se abatem sobre as diversas economias nacionais, ainda que atinjam de modo menos intenso os países desenvolvidos.

Nesse contexto, a inserção da mão de obra juvenil no mercado de trabalho tornou-se mais difícil. Segundo dados mundiais da Organização Internacional do Trabalho (OIT), em 1997, "somente na faixa etária de 10 a 24 anos, 60 milhões de trabalhadores estavam na condição de desemprego, o que significa 40% do total dos desempregados formado por jovens".[9] Em 2005, eram 85 milhões de jovens desempregados no mundo, 4% do total de desempregados em escala global.[10]

Um fator que contribui para o alto e crescente desemprego juvenil é a significativa porcentagem de jovens em relação ao total da população nos países subdesenvolvidos (em média 20%, em particular na América Latina). Este alto número, que tende a se ampliar, faz que a disputa dos jovens por ingresso no mercado de trabalho seja mais acirrada. Além disso, o trabalho infantil (para o caso dos países subdesenvolvidos) também aumenta essa pressão. Eventuais ciclos econômicos ruins pioram a situação.

Os resultados desse quadro são sentidos nas famílias: os jovens permanecem mais tempo com os pais e demoram a constituir nova moradia e nova família, pois suas possibilidades de independência financeira são menores. Isso ocorre em escala mundial. No entanto, as dificuldades de inserção dos jovens no mercado de trabalho e suas repercussões em outros campos da vida social têm suas particularidades segundo as condições de desenvolvimento das nações.

---

9 Pochmann, M. *Inserção ocupacional e o emprego dos jovens*. São Paulo: Associação Brasileira de Estudos do Trabalho (Abet), 1998, p.21.

10 OIT. Desemprego juvenil de 16,6% na América Latina e no Caribe. *OIT – Escritório no Brasil*, 30 out. 2006.

Trabalho nos países desenvolvidos

A seguir apresentaremos um quadro da situação do mercado de trabalho nos países desenvolvidos e os principais modelos com base nos quais são elaboradas políticas públicas de trabalho voltadas à juventude nessas sociedades. Embora as dificuldades dos jovens desses países sejam menores do que nos demais, as condições de ingresso no mercado também não são das mais tranquilas.

Segundo Pochmann, a taxa de desemprego juvenil nesses países na década de 1990 era cerca de dez vezes superior à do fim dos anos 60. "Dos 35 milhões de desempregados existentes atualmente nos países membros da OCDE, mais de 16 milhões são jovens, representando cerca de 46% do total de desempregados",[11] diferente da condição de quase pleno emprego do pós-guerra. Na primeira década do século XXI, o quadro nos países desenvolvidos não se alterou muito em média, conforme dados de 2005.

Para ilustrar a precarização das relações de trabalho dos países desenvolvidos, temos o exemplo da Espanha: "no curto espaço de três anos, entre 1987 e 1990, a porcentagem de contratos temporários sobre o total de contratos realizados passou de 48% a 78% no grupo etário dos 16 aos 19 anos e de 31% a 61% no grupo de 20 a 24 anos".[12] Segundo dados de 2007, cerca de dois terços dos jovens espanhóis de 16 a 24 anos tinham Contratos de Duração Determinada, quando a média da União Europeia é cerca de 42%. Rodolfo Gutiérrez apresenta um quadro geral de como os países europeus, Estados Unidos e Canadá têm lidado com a questão do trabalho juvenil. Segundo o autor, há pelo menos três modelos diferentes de transição da educação para o trabalho utilizados nesses países:

---
[11] Pochmann, 1998, p.34.
[12] Gutiérrez, R. Prologo. In: Espejo, G., 1998, p.xi.

Estados Unidos e Canadá mantêm uma pauta de transição que se caracteriza por um frequente acesso dos jovens ao mercado de trabalho durante a etapa educativa, na forma de empregos curtos em regime de tempo parcial, seguidos de uma fase relativamente longa de ajuste ao trabalho com bastante mobilidade entre empregos depois que [o jovem] deixa o sistema educativo. Na Europa convivem dois modelos com características bem diferentes. Nos países com tradição de sistemas de aprendizagem dual, como Alemanha, Áustria e Suíça, a transição da educação para situações estáveis de emprego é realizada, para a maioria dos jovens, por posições intermediárias entre a educação e o trabalho, que têm um sólido reconhecimento institucional no que se refere às condições de emprego e reconhecimento das habilidades adquiridas e que costumam desembocar em situações estáveis de emprego prematuramente. Nos países mediterrâneos e, de certo modo, também nos escandinavos, a transição ocorre entre um sistema educativo no qual os jovens realizam trabalhos remunerados e uma etapa posterior e longa de busca de emprego de ajuste ao trabalho, cada vez mais acompanhada de uma intensa ação pública no sentido de promover "políticas de emprego juvenil" e ... "empregos de inserção".[13]

Na França, de cada dez jovens na faixa etária de 15 a 24 anos, apenas dois estão no mercado de trabalho. Este país é o que mais tem trabalhadores com contratos temporários de trabalho na Europa e a proposta de ampliação desse mecanismo levou a grandes manifestações sociais contra a perda de direitos trabalhistas em 2006.

Se em um país como a França há poucos jovens trabalhando, no caso do Brasil a situação é a inversa. De cada dez jovens, sete estão no mercado de trabalho, mas devido às pressões derivadas da pobreza. Assim, é importante levantar algumas características da mão de obra juvenil brasileira, especialmente afetada pela concentração de renda.

---

13 Ibidem, p.x.

Trabalho no Brasil

Enquanto a Europa logo viveu uma situação de quase pleno emprego após a Segunda Guerra Mundial, no Brasil, embora em menor intensidade, também observou-se quadro parecido, quando o jovem não tinha grandes dificuldades em conseguir um emprego, o que garantia elevada mobilidade social. Esse ciclo virtuoso se manteve pelo menos até o início da década de 1970, quando a economia mundial apontou para um período de retração.

A crise econômica brasileira se acentuou nos anos 80 e, em especial, no fim da década de 1990, provocando sérios impactos no mercado de trabalho. O rápido declínio pode ser facilmente verificado. Nos anos 90, o país estava entre as dez maiores economias do mundo. Em 2004, o Brasil era apenas a 15ª maior economia mundial, tendo sido ultrapassado, na ocasião, pelo México (10ª colocação) no contexto latino-americano. Em 2007, o Brasil havia recuperado o posto de 10ª maior economia do mundo, mas verificando piora na condição de empregabilidade do jovem.

Segundo dados do Banco Interamericano de Desenvolvimento (BID), o desemprego médio na América Latina chegou a 10,7% em 2003, seu pior nível histórico, caindo para 9,6% em 2005, segundo a OIT. No Brasil, esse quadro já estava bem delineado na segunda metade dos anos 90, quando se verificou o maior nível de desemprego desde o fim do século XIX, passando a atingir todos os segmentos da força de trabalho e não mais apenas os trabalhadores com baixa escolaridade e sem experiência profissional.[14]

No entanto, entre os atingidos pelo desemprego, os jovens foram as principais vítimas. Na década de 1990, o

---

14 Pochmann, M. Emprego e desemprego juvenil no Brasil: as transformações nos anos 1990. *Movimento. Revista da Faculdade de Educação da UFF*, p.53, maio 2000.

desemprego juvenil triplicou em relação à média dos anos 80. Além disso, o desemprego juvenil nos anos 80 estava mais relacionado à inatividade decorrente da escolarização obrigatória, sendo o trabalho ocasional o fenômeno predominante. Ao mesmo tempo, havia maior acesso aos empregos assalariados com carteira assinada. Já as vagas criadas nos anos 90, além de instáveis e de baixa qualificação, caracterizaram-se por terem sido ocupadas por trabalhadores adultos com mais escolaridade e alguma qualificação profissional. O quadro de fragilização das relações trabalhistas vai se aprofundando no início do século XXI. Segundo o BID, o desemprego aumentou sensivelmente na América Latina, em especial entre as trabalhadoras jovens e com qualificação média nas cidades.

Nos números relativos ao trabalho no Brasil, a faixa etária que compõe a juventude divide-se em adolescentes (10 a 12 anos), adolescentes-jovens (13 a 18) e jovens adultos (19 a 24). As estatísticas brasileiras diferem das elaboradas em países de industrialização avançada. Entre nós, inclui-se a idade dos 10 aos 14 porque os trabalhadores infantis ingressam precocemente no mercado – há cerca de três milhões de crianças com menos de 14 anos trabalhando, ainda que isso seja proibido do ponto de vista legal.

O padrão de ingresso do jovem no mundo de trabalho brasileiro caracteriza-se pela instabilidade e pela ocupação de postos em condições mais precárias do que aquelas oferecidas aos trabalhadores adultos. Esse cenário não é tão diferente nos países desenvolvidos: o fator de distinção reside mais no grau de fragilidade da situação laboral, menor nos países desenvolvidos.

A principal característica da juventude trabalhadora brasileira é o seu desamparo, especialmente entre os que estão à margem do mercado de trabalho e dos direitos sociais básicos. As alternativas de ocupação juvenil cada vez mais se associam aos setores de baixa produtividade e a relações trabalhistas precárias, distanciando-se dos segmentos mais modernos da economia, situação que contribui para o acirramento da exclusão social.

As trabalhadoras jovens são especialmente afetadas no que se refere ao mercado de trabalho. Sua participação nele aumentou nos anos 90 em relação à década anterior, do mesmo modo que cresceu de 1995 a 2005. No entanto, tal situação pode não ter uma explicação positiva, visto que a preferência pelo trabalho feminino quase sempre significa a busca de uma mão de obra submetida a condições de trabalho, salários e proteção social mais precários.

Apesar dos infindáveis problemas e dramas do trabalhador juvenil nas camadas mais empobrecidas, a inserção ocupacional nesse contexto tem um significado importante pois, do ponto de vista dos jovens, "aparece também como condição para maior autonomia e liberdade em relação à família, pela possibilidade do consumo de bens e pela garantia de um mínimo de lazer; enfim, é o trabalho que possibilita a vivência da própria condição juvenil".[15] Mesmo assim, é necessário esclarecer que o trabalho juvenil, nas condições em que ocorre no Brasil, é um dos elementos que tendem a reduzir as possibilidades de mobilidade social dos mais pobres.

Um caminho possível para os jovens das periferias urbanas é a socialização por intermédio de grupos que buscam, sobretudo, o lazer, as "tribos". Embora saibamos que a grande maioria dos jovens pobres trabalha, estuda ou faz ambas as atividades (cerca de 90% na faixa dos 15 aos 19 anos), em alguns casos a trajetória deles se caracteriza por não frequentarem a escola e nem procurarem emprego, o que pode levá-los, em certas condições, à delinquência.

---

[15] Dayrell, J. O *rap* e o *funk* na socialização da juventude. *Educação e pesquisa. Revista da Faculdade de Educação da USP* (São Paulo, FEUSP), v.28, n. 1, p.120, jan./jun. 2002.

Esses casos minoritários de jovens que correm maior risco de se envolver com a violência ou com a criminalidade (por estarem fora de atividades escolares ou relacionadas ao trabalho) talvez fossem um dos poucos segmentos específicos nos quais as limitadas políticas públicas para a juventude existentes no Brasil – e na América Latina – poderiam funcionar melhor. Seria necessária a articulação mais efetiva entre as diversas esferas estatais para que esse objetivo fosse alcançado. A discussão sobre políticas para a juventude é fragmentária, desarticulada e despolitizada.

Por outro lado, se observarmos a juventude em um plano geral, percebemos dificuldades distintas no que se refere à inserção no mercado de trabalho. Diferentes problemas são enfrentados de acordo com os segmentos sociais a que os jovens pertencem: para os de menor escolaridade, falta capacitação; para aqueles um pouco mais favorecidos, são poucas as oportunidades de adaptação às exigências modernas do processo produtivo; para os jovens com alta escolaridade, há pequena quantidade de postos de trabalho condizentes com sua formação.

No caso dos jovens pobres, não faltam apenas educação, emprego e saúde. Também faltam acesso ao lazer e ao consumo de bens culturais. Estes jovens muitas vezes acabam forjando suas próprias expressões culturais pelo pouco que podem fazer com os recursos e as oportunidades que têm. Nesse sentido, as chamadas "tribos" constituíram-se em espaço privilegiado de socialização, criados em substituição às deficiências da esfera pública.

Se na Grã-Bretanha esse processo acentuou-se no fim da década de 1970 (simultaneamente ao início das políticas neoliberais de Margaret Thatcher), no Brasil dos anos 80 surgiram subculturas similares (*punks*, *skinheads*) também em um período de crise econômica. No entanto, o poder aquisitivo dos brasileiros ainda não estava tão deteriorado como ficaria na década seguinte. Dessa forma, os jovens trabalhadores tinham um pouco de fôlego para se integrar, ainda que de forma marginal e limitada, à sociedade de consumo, tendo acesso a poucos bens culturais.

Nos anos 90 a situação já era mais dramática, pois as condições de emprego, saúde e acesso à cultura pioraram, enquanto as políticas públicas voltadas aos jovens continuaram ausentes. Esse momento era muito distinto daquele vivido pela juventude rebelde dos anos 60 e 70, quando o ativismo político desse segmento, com destaque para os estudantes universitários, foi objeto de séria preocupação institucional por parte de regimes autocráticos de diversos matizes ideológicos.

Nessas décadas de protestos e rupturas de tradições e costumes, forjou-se um caldo cultural que alimentava a ideia de contenção social aos supostos "agitadores" e "subversivos", marcas que estigmatizaram por muito tempo os estudantes e, por conseguinte, os jovens. Ainda que essa representação social da juventude tenha perdido força na atualidade, não significa que nunca mais retornará. É por isso que as relações entre política e juventude são um dos temas que não podem ser deixados de lado ao se elaborar um panorama das culturas juvenis.

4 Dimensões políticas da juventude

O significado da palavra "revolução" se alterou bastante nas últimas décadas. Hoje, o termo é associado ao processo de sofisticação das tecnologias – com destaque para a informática –, aos processos de produção industrial mais complexos e à indústria cultural. Vivemos, assim, em meio a uma "cultura da revolução", já que ouvimos falar de "revolução tecnológica", "revolução digital", "revolução da moda", "revolução do consumo" etc. Quase tudo que se apresenta como novidade social – ainda que não o seja – tenta agregar a palavra "revolução" em busca de legitimidade, como um símbolo de modernidade e eficiência.

Por outro lado, a expressão "revolução social" foi praticamente abolida dos meios de comunicação e só costuma aparecer quando se fala do passado, da história. As utilizações mais frequentes e recentes foram associadas à queda dos regimes socialistas em fins dos anos 80 e início da década de 1990. Mesmo os tradicionais "subversivos" saíram de cena. No lugar dessas representações, restaram os "rebeldes" e os "terroristas", nos quais são englobados as mais diversas formas de protesto social, movimentos políticos e organizações ilegais armadas (além, claro, dos "traficantes").

Esse contexto é relevante para compreendermos a dimensão do envolvimento da juventude com a política, pois as mudanças de representações políticas afetaram os jovens. O rótulo "geração 68" associava uma suposta cultura jovem (no singular) genérica à rebeldia política, à oposição aos sistemas autoritários, às utopias e ao desejo de mudança social. Depois de mais de duas décadas, essa imagem idealizada foi esvaziada pelas representações da mídia e substituída pela imagem da juventude como unicamente associada às "tribos urbanas" e aos *teens* "alienados", em especial na década de 1990.

A essência juvenil contemporânea foi associada ao desinteresse pela política e pelas instituições oficiais, identificando os jovens, em primeiro lugar, como consumidores. Nesse contexto, a ideia de "revolução social" foi caracterizada como "velha" e as utopias em prol de mudanças no sistema (anos 60-70) foram substituídas por representações da juventude como delinquente, criminosa, "desviante", "anormativa" ou, no máximo, "passiva". No entanto, eventos como os movimentos de ocupação de instalações administrativas de universidades públicas brasileiras em 2007 mostraram que a faceta política da juventude não desapareceu.

Contudo, nenhum desses estereótipos (da posição "revolucionária" ou "rebelde" à "alienação") corresponde ao que era – e ao que é hoje – a juventude. Todas essas imagens são construções sócio-históricas, importantes apenas na medida em que sua força é tão grande que condicionam a percepção da realidade. Essas representações também não são *falsas*, mas apenas incompletas. A multiplicidade de comportamentos jovens existentes em cada geração não pode ser reduzida a um traço – ou a alguns poucos traços – que supostamente resumiriam *a* condição juvenil de todo um período.

Na prática, isso significa dizer, por exemplo, que nem todos os jovens das décadas de 1960 e 70 eram "revolucionários", seja no campo da política, dos costumes, da música ou da moda. Muitos eram tradicionalistas, conservadores etc. De modo similar, nem todos os jovens da atualidade são "consumistas" (no caso das camadas médias e altas), "delinquentes" (quando se refere aos pobres) ou "desocupados". Há muitos que se interessam por política, participam de movimentos sociais e trabalham.

Com base nesses pressupostos, este capítulo explorará algumas possibilidades de se entender a relação entre política e juventude. Observaremos os contrastes e semelhanças das juventudes dos anos 60 e 70 e das décadas seguintes. Também destacaremos a discussão do papel do Estado no sentido de promover políticas públicas voltadas para a juventude, assim como a participação política juvenil no Brasil. Por fim, lembraremos também da dimensão política de temas como diversidade cultural, gênero e etnia.

Visões sobre a rebeldia juvenil

Desde a Idade Média europeia já se registravam movimentos juvenis de natureza político-econômica, religiosa e estudantil. Séculos mais tarde, destacaram-se o Movimento Juvenil Alemão (desde o fim do século XIX) e outros movimentos juvenis, cuja força e expressão política revelaram-se principalmente nos anos 20 e 30. A característica principal desses grupos foi a busca de uma socialização juvenil que tentava excluir os valores do mundo adulto.

O período entre as duas guerras mundiais também foi um momento em que os jovens participaram ativamente da política, engajando-se tanto nos movimentos de caráter nazi-fascista (Juventude Hitlerista, por exemplo) como nas alas juvenis dos partidos da esquerda radical. Atreladas à nascente Rússia socialista (1917) e depois União Soviética (1922), a Juventude Comunista (*Komsomol*) desse país tornou-se mais uma das instâncias submetidas à burocracia do Estado, quase sem direitos de opinar sobre a política nacional e até mesmo sobre a economia. Durante a Segunda Guerra Mundial, movimentos juvenis se engajaram nos dois lados da luta. Karl Mannheim salientava a necessidade de os jovens lutarem contra os países do Eixo e em favor da democracia.

Em uma perspectiva funcionalista e conservadora, Eisenstadt considera o envolvimento político da juventude em atividades revolucionárias ou de mobilização nacionalista uma patologia social, "anormatividade". Por sua vez, Erikson compreende a rebeldia juvenil como mero reverso da moeda da identidade adulta. Esta seria uma forma de apenas contrariar e chocar as expectativas da geração anterior, mas não necessariamente de se voltar contra ela. Ou seja, é como se a rebeldia juvenil fosse apenas um modo de "chamar a atenção", de criticar para ser ouvido e aceito pelos mais velhos, pelo mundo adulto.

No entanto, o próprio Erikson considerava que a rebeldia juvenil muitas vezes era mais sensata que os padrões cristalizados da sociedade adulta, ou seja, via a revolta como um elemento positivo, seja para o crescimento do indivíduo, seja para o desenvolvimento da sociedade. Comenta, por exemplo, a importância dos movimentos juvenis que lutaram contra o macarthismo (período político profundamente repressivo nos Estados Unidos dos anos 50), contra a corrida armamentista, contra a Guerra do Vietnã e a favor do movimento pelos direitos civis.

Em uma perspectiva bastante radical, Martín Sagrera critica o elogio adulto ao caráter inconformista e rebelde da juventude, que poderia ser um meio de "distraí-la", pois assim "... a rebelião seria vista como um ritual dentro do sistema, ou seja, uma mera rebelião palaciana, que reafirma o sistema ...".[1]

---

[1] Sagrera, 1992, p.94.

Por sua vez, Georges Lapassade, escrevendo em 1963, defende que o comportamento rebelde da juventude daquela época exporia, na realidade, a crise da sociedade como um todo. Assim, o problema não estaria nem nos indivíduos nem na diferença de "gerações": a "crise da juventude", como o autor caracteriza, seria uma reação à própria crise estrutural do sistema social.[2]

Marialice Foracchi também considera que a rebelião juvenil é a reação diante de uma situação de crise social que exige transformações bruscas. Os jovens seriam especialmente sensíveis às diversas formas de manifestação de hipocrisia social do mundo adulto. Assim, ao perceber contradições, manifestariam sua insatisfação e o desejo de mudar o sistema.[3]

No entanto, observação importante no que se refere à participação política da juventude dos anos 60 e 70 consiste em que aqueles jovens rebeldes costumavam ser oriundos das camadas médias e altas da sociedade. Portanto, embora tais movimentos tenham sido relevantes para romper cristalizações sociais, culturais e políticas, receberam atenção sobretudo por seus protagonistas pertencerem a segmentos sociais reconhecidos pelas esferas do poder. Tanto que os jovens de origem popular – também decisivos nas várias rebeliões e protestos por mudança no período – depois acabaram sendo, em grande medida, esquecidos.

No caso do Brasil, desde meados dos anos 70, após a etapa mais repressiva do regime militar (1964-1985), Valenzuela Arce considera que certas manifestações da contracultura juvenil, como o Tropicalismo, teriam se orientado com o intuito de criticar e fragmentar o idealismo revolucionário derrotado dos jovens da década anterior.[4]

---

[2] Lapassade, G. Os rebeldes sem causa. In: Britto, S. de (Org.). *Sociologia da juventude, III*: a vida coletiva juvenil. Rio de Janeiro: Zahar, 1968 [original: 1963], p.117.
[3] Foracchi, M. M. *A juventude na sociedade moderna*. São Paulo: Pioneira/Ed. da USP, 1972, p.28.
[4] Arce, V., 1999, p.78.

No entanto, Marialice Foracchi e Helena Abramo creem que esses movimentos alternativos de contracultura – e não restritamente político-revolucionários – seriam também expressões capazes de questionar o sistema e teriam, *sim*, dimensão política, pois também abordavam temas como ecologia, família, minorias, moral e costumes.

Nos anos 70 e 80 firmaram-se novos atores sociais juvenis: os antes esquecidos jovens pobres das periferias vieram à tona por seus movimentos e expressões culturais. Contudo, o campo da política tendeu a ficar em um segundo plano para esses segmentos da juventude.

Entre os excluídos, escassearam os porta-vozes políticos capazes de chamar a atenção das esferas políticas institucionalizadas, até porque poucos tinham acesso ao ensino universitário, espaço que tradicionalmente permitiu a articulação de reivindicações e protestos estudantis e sociais, além de ser um dos poucos lugares sob os regimes autoritários onde era possível algum tipo de expressão cultural com um pouco mais de liberdade. Aliás, os estudantes foram o símbolo por excelência da juventude nos anos 60 e 70 (por exemplo, no "Maio de 68" francês), quando se uniram aos trabalhadores em protestos radicais.

Se, por um lado, a vivência coletiva estudantil permite o cultivo de uma cultura de mobilização política, social e de conscientização, por outro, a militância estudantil depende, em grande medida, das demandas de instituições não juvenis, como partidos políticos. Da mesma forma, as manifestações culturais – teatro, música, poesia – dos estudantes raramente se articulam apenas pela espontaneidade juvenil, mas baseiam-se em expectativas e solicitações institucionais, conforme Bourdieu e Passeron salientam.[5]

---

5 Bourdieu, P., Passeron, J.-C. O tempo e o espaço no mundo estudantil. In: Britto, S. de (Org.). *Sociologia da juventude, IV: os movimentos juvenis*. Rio de Janeiro: Zahar, 1968 [original: 1964], p.65.

O acesso aos meios estudantis, mesmo que mais amplo do que outrora, ainda é dificultado aos jovens pobres, que tiveram sua principal forma de resistência cultural pelas chamadas "tribos urbanas" a partir das décadas de 1980-90. A universidade perdeu força como centro de aglutinação da mobilização social e os movimentos estudantis entraram em profunda crise.

Ao mesmo tempo, enquanto os jovens rebeldes das décadas anteriores criticavam o consumismo, os jovens pobres dos anos 80-90 ainda tinham pouco acesso aos bens da indústria, inclusive no campo da cultura. Desse modo, os *estilos* cultivados pelas "tribos" de jovens também representa(ra)m o anseio de participar da sociedade de consumo, indo, nesse aspecto, em direção contrária aos movimentos de contracultura.

Na América Latina das décadas de 1960 e 70 a resposta oferecida pelo Estado, controlado por regimes militares, foi a repressão geral dos jovens em função da radicalização de alguns setores estudantis. Simultaneamente, o acesso à escolarização aumentou em quantidade, embora tenha perdido qualidade. Nas décadas seguintes, a distensão do autoritarismo e as reaberturas democráticas levaram à constituição progressiva de uma nova posição do Estado, expressa sobretudo desde a década de 1990: a formulação de políticas públicas capazes de atenuar os desequilíbrios provenientes da concentração de renda nesses países.

Políticas públicas para a juventude

Políticas públicas podem ser definidas como um conjunto de programas de ação governamental para favorecer segmentos, grupos ou atores sociais específicos. São respostas à pressão de setores sociais que exigem ações que os protejam, pressupondo certa ideologia de mudança social e orientando-se para garantir padrões mínimos de bem-estar social e cidadania. Entre as políticas públicas, estariam incluídas desde o paternalismo e assistencialismo estatal até o estímulo à autogestão.

Se o reconhecimento da juventude como categoria social diferenciada é fenômeno do século XX, a formulação de políticas públicas voltadas para os jovens é ainda mais recente. Sergio Balardini identifica quatro objetivos nas diferentes políticas relacionadas à juventude: a) políticas *para* a juventude: paternalismo, protecionismo, controle do tempo livre dos jovens; dirigismo social tutelado pelos adultos; b) políticas *através* da juventude: chamados à mobilização, instrumentalização de movimentos juvenis por partidos ou pelo Estado; c) políticas *com* a juventude: participação na execução das políticas públicas a eles destinadas e nos processos de tomadas de decisão; d) políticas *a partir* da juventude: atividades e iniciativas planejadas e realizadas por jovens; autogestão.[6] Os jovens também podem ser considerados capital humano estratégico capaz de impulsionar o desenvolvimento, perspectiva que contempla, principalmente, os programas de integração social de jovens excluídos do mercado.

A América Latina começou a formular políticas voltadas para a juventude a partir da década de 1950. No entanto, nesse período inicial, a preocupação do Estado era apenas investir em políticas educacionais – que proporcionaram maciças incorporações ao sistema escolar – para iniciar e integrar os jovens no processo produtivo moderno. Paralelamente, a repressão aos movimentos juvenis radicalizados foi a tônica nos períodos autoritários. Já a ideia de enfrentar a

---

[6] Balardini, S. A. Políticas de juventud: conceptos y la experiencia argentina. In: Dávila Léon, O. (Org.). *Políticas públicas de juventud en América Latina*, 2003, p.93-4.

pobreza contra o "perigo" da delinquência juvenil (juventude entendida como "problema") configurou-se desde meados da década de 1980.

Por sua vez, os efeitos negativos da crise econômica dos anos 80 sobre a oferta de mão de obra fizeram que os jovens se tornassem um dos principais focos de políticas públicas de inserção no mercado. Os sistemas de formação profissional para os jovens foram remodelados para atender às novas exigências da produção ou para retardar o crescente fluxo de jovens à procura de ingresso no mercado de trabalho. Uma das soluções adotadas foi a articulação de estudo e emprego, mediante programas remunerados de formação/qualificação para o trabalho: se isso foi conveniente para maquiar as estatísticas de desemprego (pois se considerava que o jovem estava empregado), também permitiu que muitos jovens tivessem acesso a mecanismos de proteção social como o seguro-desemprego.

Nos anos 80-90, os jovens pobres foram alvo de políticas públicas não apenas por suas mobilizações, mas sobretudo por serem vistos como potenciais delinquentes pelas camadas médias e altas da sociedade – apesar do habitual discurso da "cidadania" e da "participação da sociedade civil". Assim, na década de 1990 e início do século XXI, as principais áreas de atuação das políticas públicas concentraram-se nos problemas do desemprego, da aids, da gravidez, do consumo de drogas e também da violência.

No Brasil, observou-se a tendência inovadora de participação direta de jovens como gestores dos organismos específicos para a juventude, em geral provenientes do movimento estudantil e de partidos políticos.

Na América Latina, destaca-se a existência de Institutos Nacionais da Juventude e Ministérios/Secretarias da Juventude, assim como a formulação de estatutos e leis voltadas às universidades (por exemplo, adoção de políticas de co-gestão dos estudantes nessas instituições), leis destinadas especialmente à juventude – podemos citar a Lei sobre Promoção Educativa, Recreação e Emprego Juvenil peruana (1983).

Na década de 1990, destaca-se a criação da Organização Ibero-americana da Juventude (OIJ), destinada a fortalecer políticas de juventude nos países latino-americanos, oferecendo suporte e auxiliando a consolidar organismos nacionais de juventude. O Brasil é um dos poucos países da América Latina com reduzido número de organismos estatais (não tem um ministério, por exemplo) destinados a promover políticas públicas para a juventude.

Participação política no Brasil

A juventude brasileira teve alguns marcos importantes de atuação na história, como a realização do 1º Congresso da Juventude Operária-Estudantil em 1934 e a fundação da União Nacional dos Estudantes (UNE) em 1937, que logo se dirigiu ao combate do governo Vargas, em especial no período ditatorial de 1937-1945. A UNE era representada com destaque pelos universitários, que se tornaram a própria identidade relacionada aos movimentos juvenis por décadas. Mais tarde, em fins dos anos 1950, surge a Juventude Universitária Católica (JUC) – além de agrupamentos congêneres, como a Juventude Estudantil Católica (JEC) e a Juventude Operária Católica (JOC) –, impulsionando uma série de mobilizações e protestos sociais.

Entre outros aspectos, os estudantes dos anos 50 exigiam a democratização da educação. Tal movimento se fortaleceu ainda mais na década seguinte, obtendo a expansão massiva do acesso ao sistema escolar nos anos 70, ainda que sob o regime militar. Contudo, os investimentos em educação caíram muito em termos proporcionais, o que levou ao sucateamento das redes escolares, à queda nos salários docentes e à perda brutal da qualidade de ensino. Após a Constituição de 1988, apesar da existência de legislação específica que garante o direito à organização estudantil, há certo clima de desmobilização e desinteresse pela participação política.

Das diferentes dimensões que a participação política pode contemplar, duas chamam a atenção: 1) as relações que o jovem estabelece com a política por intermédio das instituições oficiais/partidos; 2) a perspectiva que observa a militância juvenil de movimentos e organizações que não necessariamente se integram aos quadros burocráticos da política profissional.

Na primeira possibilidade, o jovem é encarado nos marcos legais do sistema de cada país: sua condição de ator político é definida pela inserção progressiva na condição adulta, que é o ápice do exercício da cidadania. No Brasil, isso significa considerar jovens os cidadãos a partir dos 16 anos, quando já podem votar (desde 1988), filiar-se a partido político e ser convocado pelas Forças Armadas. Esses importantes aspectos da cidadania plena concedidos aos jovens no Brasil têm seu histórico. O direito ao voto sempre foi ligado a uma idade mínima: 25 anos desde a Constituição 1824, a primeira após a Independência (1822); 21 anos a partir da Constituição de 1891; 18 anos com a Carta Magna de 1934, sendo que apenas em 1937 todas as mulheres adquiriram direito de votar.[7]

Ainda em relação ao voto, o corte tradicional para delimitar o eleitorado jovem compreende a faixa etária dos 16 aos 24 anos, que representa cerca de 20% do total de eleitores.

---

[7] Zaneti, H. *Juventude e revolução*: uma investigação sobre a atitude revolucionária juvenil no Brasil. Brasília: Ed. UnB, 2001, p.25.

A primeira eleição que contou com o eleitorado na faixa dos 16 aos 18 anos ocorreu em 1989, na qual o presidente eleito, Fernando Collor de Melo, cultivou imagem de jovem, empreendedor e autônomo. No entanto, foi destituído por corrupção mediante *impeachment* (1992), após grandes passeatas estudantis contra o presidente, no movimento juvenil conhecido como "caras-pintadas". Essas passeatas e protestos pouco se assemelharam aos movimentos estudantis radicais das décadas de 1960 e 70. A aparente ascensão do movimento estudantil logo se verificou efêmera e entidades como a UNE tornaram-se espaços cada vez mais dominados por pequenos partidos políticos de esquerda, que passaram a disputar o controle das cúpulas dessas organizações. Ao mesmo tempo, as bases do movimento estudantil tornaram-se ainda mais escassas, aprofundando processo que já vinha ocorrendo desde a década de 1980. As ocupações de universidades públicas (2007) colocaram novamente em foco a atuação política dos jovens estudantes, sobretudo porque suas ações responderam mais a problemas internos das universidades do que a questões político-partidárias.

Se a relação entre jovens e política perdeu força relativa nas décadas de 1980 e 90, temas relativos a drogas, gênero, etnia e outros específicos cresceram em importância na agenda política, tornando-se objeto de politização por parte dos movimentos juvenis e adquiriram papel central no contexto das políticas públicas, que cada vez mais têm de se afastar da tradicional visão do jovem como "problema".

Drogas: estigma juvenil

O caso das drogas é exemplar: várias legislações consideram traficantes e consumidores igualmente criminosos. Assim, o jovem consumidor de substâncias psicoativas ilegais, principalmente em áreas pobres, acaba saindo das esferas da assistência social e da promoção da cidadania para ser visto como assunto policial. No entanto, há grande variedade de drogas ilegais, sendo que seus consumidores não podem ser tratados de maneira uniforme pelo Estado e pela sociedade: substâncias como a heroína e o *crack* têm efeitos distintos das drogas leves, além de medicamentos que são utilizados como drogas.

O perfil dos consumidores das substâncias psicoativas é muito variado, mesmo entre os jovens. O uso de drogas como a maconha, a cocaína e os inalantes predomina entre estudantes do sexo masculino, enquanto as estudantes tendem a consumir anfetaminas, ansiolíticos e outros tipos de medicamentos.

Falar do "problema das drogas" de modo genérico e homogêneo não ajuda a tratar da questão. Ao contrário, com isso apenas se reafirmam rótulos que tendem a estigmatizar seus usuários como "delinquentes", "criminosos", "desajustados" etc. Por outro lado, as drogas legais (álcool, tabaco) ainda são encaradas, em certa medida, como um setor legítimo do mercado e só mais recentemente têm sido alvo de críticas, regulamentações e algumas proibições. Cada vez mais o consumo de álcool e tabaco, ainda que continue alto entre os jovens, vem perdendo a antiga imagem ligada ao prestígio, *status* e refinamento social, tão disseminada no passado em veículos de comunicação.

Em relação ao tratamento das políticas públicas na questão do uso de drogas por parte dos jovens, Beatriz Carlini-Marlatt detecta três concepções e diretrizes de ação: a) imobilismo e resignação diante da possibilidade de "libertar" os jovens das drogas, ao que se responde com repressão; b) entendimento de que a educação pode prevenir o uso de drogas nos segmentos jovens, sendo tão importante quanto a repressão policial; c) política de "redução de danos", que admite o uso de drogas como fenômeno de quase todas as culturas humanas, considerando impossível sua erradicação completa. Assim, busca-se minimizar o uso combinando repressão policial ao mercado de produção e distribuição dessas substâncias e promoção de políticas de saúde pública voltadas às comunidades e aos segmentos mais atingidos pelo problema.[8]

De qualquer forma, o "problema das drogas" geralmente acaba se associando a outras questões (mortalidade juvenil, aids). Quando os usuários dessas substâncias pertencem a segmentos pobres e discriminados da sociedade, os estereótipos que os classificam como "delinquentes", "selvagens" ou mesmo "patológicos" são reforçados. Por outro lado, entre as camadas mais favorecidas, o uso de drogas ilegais é mais uma das coqueluches de consumo para o tempo de lazer. Enquanto entre os primeiros tem-se a errônea imagem construída de que o uso de drogas ilegais – e a violência correlacionada – é generalizado, nas classes altas esses casos são tratados como se fossem exceções.

Sexo: antecipando o ingresso na juventude

O tema da sexualidade juvenil despertou em definitivo após as mudanças nos comportamentos impulsionadas nos anos 60-70. A juventude passou a reivindicar o sexo não só como atividade procriativa – isto é, dentro dos padrões de controle das instituições tradicionais e do mundo adulto –, mas admitindo a legitimidade de outras formas de amar, visando apenas ao prazer. Embora essas já existissem subterraneamente aos valores sociais hegemônicos (dos adultos das ge-

---

[8] Carlini-Marlatt, B. Drogas e jovens: abordagens contemporâneas. In: Freitas & Papa (Orgs.). *Políticas públicas:* juventude em pauta. São Paulo: Cortez/Ação Educativa/Fundação Friedrich Ebert, 2003, p.191.

rações anteriores), não eram comportamentos amplamente aceitos.

Nesse sentido, Danilo Martuccelli analisa a mudança do "amor eterno" para o "amor-companheirismo", produto das tentativas da juventude de romper com os padrões das gerações anteriores. O "amor eterno" seria a forma tradicional de amor do mundo adulto – adoção de um único parceiro –, enquanto o "amor-companheirismo" dos jovens pressuporia a não estabilidade das relações amorosas. Este é encarado como espécie de "crise de identidade", isto é, um processo de procuras e indefinições de parceiros até uma suposta estabilização das relações amorosas em um padrão de amor adulto.[9] Ou seja, ainda os padrões das instituições tradicionais (no caso, a família) são considerados a norma de socialização que define a organização social.

Além disso, a família nuclear – que nem sempre foi a realidade de grande parte das famílias – ainda é tomada como padrão de socialização. As demais famílias (ausência do pai ou da mãe, uniões consensuais, jovens com filhos, casais homossexuais com filhos, convivência de diversas gerações sob um mesmo teto etc.) são referidas como "desvios" ("famílias desajustadas" ou denominações similares), em geral negativados, do modelo tradicional da família nuclear. Assim, as formas de exercer a sexualidade acompanham o confronto entre "normas" idealizadas e modelos construídos nas vivências de múltiplos setores da sociedade.

Nos últimos anos, a idade média de iniciação sexual vem caindo na maioria dos países, sugerindo tendência de ampliação da condição juvenil para faixas etárias mais recuadas. O despertar da sexualidade tem sido um dos elementos que auxiliam a redefinir os plásticos contornos do que significa

---

9 Martuccelli, D. Figuras y dilemas de la juventud en la modernidad. *Movimento. Revista da Faculdade de Educação da UFF*, p.45, maio 2000.

ser jovem na atualidade: é o fenômeno da juventude conquistando espaços que antes eram da infância.

No Brasil do fim da década de 1990, a iniciação sexual de meninos ocorria entre os 13,9 e os 14,5 anos. Para meninas, o intervalo era de 15,2 a 16 anos. Segundo dados de 2005, os números caíram em ambos os casos: cerca de 14 anos para homens e 15 para as mulheres. A redução da idade média da iniciação sexual também adquire traços dramáticos para as camadas mais pobres. Nesse contexto, a iniciação sexual implica a proliferação da gravidez precoce, o aborto ilegal e a maior possibilidade de contrair doenças sexualmente transmissíveis (DSTs), como a Aids. Segundo dados publicados em 2000, "14% das jovens [de 10] até 19 anos têm filhos. É a única faixa etária na qual se registra aumento de nascimentos".[10] Esse número cresceu para 20% em 2005. Há capitais brasileiras onde esses números são ainda maiores. Isso significa um "atropelo" da fase juvenil, com a criança assumindo responsabilidades e comportamentos adultos em tenra idade, em uma espécie de "retrocesso" à época em que a juventude praticamente não existia. Ao mesmo tempo, a sexualidade juvenil também avança em faixas etárias antes consideradas adultas.

Para as mulheres, a condição juvenil é cheia de percalços: no Brasil, assim como o desemprego atinge com maior incidência as jovens pobres do sexo feminino dos 15 aos 19 anos, ainda é alta a mortalidade das jovens por aborto, gravidez e complicações no parto. Além disso, dificuldades podem ser percebidas já na própria definição de juventude, que ainda é vista por alguns como etapa entre a infância e a idade *viril*, portanto associada ao sexo masculino.

Nesse sentido, Sagrera salienta que a ideia do espaço feminino na sociedade, em especial durante a juventude, cor-

---

[10] Sexo na Juventude. *Folha de S. Paulo*, 10 mar. 2004, Editorial, p.A2.

responde ao papel sexual: as jovens são estereotipadas como "fêmeas".[11] A atratividade sexual acaba sendo um dos poucos poderes sociais das mulheres em meio a uma sociedade com valores machistas, sexistas. Desse modo, a condição juvenil feminina corresponde a um momento duplo: por um lado, de fragilidade diante das discriminações e relações sociais desiguais com o mundo masculino e com o mundo adulto; por outro, é o momento por excelência da vida feminina em que o contrapoder da atração sexual pode ser exercido com maiores resultados.

A condição juvenil não pode ser reduzida a generalizações e estereótipos: jovens do sexo masculino e feminino vivenciam experiências sociais muito diferenciadas, distinções que se acentuam conforme a posição no sistema de classes.

Etnia: mais além da questão de classes

Por fim, não podemos deixar de mencionar a questão das relações de desigualdade étnico-racial e sua vinculação às discussões acerca da juventude. Concentrados nas áreas pobres, índios, negros e miscigenados da América Latina constituem a maciça maioria dos jovens da região. Mesmo com as diferenças nos tons da cor de pele, são vistos pelo corte étnico. Quanto mais sua aparência é associada ao fenótipo de negros e índios, esses jovens e suas famílias são vítimas de desigualdades mais gritantes, as quais não se restringem à mera questão da classe social. Afinal, jovens pobres brancos são menos privados de oportunidades do que negros, índios e outros miscigenados próximos.

Ademais, a base da pirâmide social é formada por pessoas com pele escura, com um topo constituído predomi-

---
11 Sagrera, 1992, p.32.

nantemente por pessoas de pele clara e do sexo masculino. As dificuldades e barreiras se multiplicam desde o atendimento no sistema de saúde público – onde negro(a)s são atendido(a)s durante menos tempo e recebem tratamento médico precário, pior do que pacientes com pele mais clara (há pesquisas a esse respeito) – até as oportunidades de ingresso no sistema universitário estatal.

Se consideramos que os jovens em geral já enfrentam problemas sérios de socialização e ingresso nas mais diversas esferas sociais (escola, família, trabalho, lazer), a juventude negra é ainda mais afetada por tais situações. É nesse contexto que se discutem políticas públicas compensatórias, entre as quais a mais conhecida (e não menos polêmica) refere-se às cotas para ingresso no sistema universitário.

A ideia é que os negros, índios e miscigenados próximos não desfrutam, na prática, de igualdade de oportunidades sociais e direitos civis desde que nascem. Como não se pode ficar aguardando até que o sistema social melhore ou mude – em um futuro incerto e longínquo – para uma situação de igualdade de oportunidades, as ações afirmativas podem se constituir em alternativa eficaz: as desigualdades sociorraciais são compensadas por uma desigualdade positiva estimulada pelo Estado. Como resultado final, as oportunidades para os diversos segmentos etno-raciais tenderiam a se igualar em um prazo de tempo mais curto. Entretanto, no caso das universidades públicas dos países latino-americanos, as políticas públicas compensatórias não podem se restringir apenas ao ingresso nesse nível de ensino. Considerando que o(a) jovem negro(a) ou índio(a) vivencia condição social fragilizada, precisa de apoio do Estado no decorrer do curso no que se refere à moradia estudantil – quando necessário –, ao transporte e ao acesso a bens culturais (livros, filmes, museus, música etc.).

Deve-se, ainda, acrescentar que as ações afirmativas são apenas mais uma política pública entre outras, que não excluem – ao contrário – medidas universais necessárias, como a promoção de uma educação básica de boa qualidade e a oferta e ampliação do mercado de trabalho, para a melhora da condição social dos pobres.

Em suma, pode-se dizer que temas como drogas, gênero e etnia cada vez mais adquirem contornos políticos, uma vez que envolvem a distribuição desigual do poder para os diferentes segmentos das sociedades. Com isso, a relação entre política e juventude tende a não se restringir apenas à realidade estudantil, à participação eleitoral e ao engajamento em movimentos sociais e partidos políticos, representando uma ampliação no entendimento do que é política, inclusive para o jovem.

5 Diversidade de interpretações das culturas juvenis

Diante das múltiplas possibilidades de compreender as culturas juvenis, merecem destaque alguns dos principais olhares desenvolvidos por diversas linhas de pesquisa sobre o tema. Por exemplo, um fenômeno como a violência juvenil, observada em casos como o dos *pitboys* brasileiros, dos *hooligans* europeus ou das gangues de latino-americanos nos Estados Unidos, pode ser considerado de diversos pontos de vista. Há desde aqueles que apoiam as medidas correcionais e a mais violenta repressão policial até o entendimento de que tais casos decorrem da falta de atuação social do Estado com o objetivo de oferecer políticas públicas adequadas para esse segmento da população. Qual seria a causa dessas expressões violentas de jovens? Como lidar com isso?

Mais do que obter respostas imediatas, os problemas e as soluções para esses casos se enraízam na forma pela qual se conceitua a juventude. A formulação de quais seriam os reais problemas da juventude e as propostas dos vários setores da sociedade para os jovens é condicionada por pressupostos teóricos que nem sempre aparecem de modo explícito.

Assim, abordaremos algumas interpretações acerca da juventude e de como tais estudos chegaram ao Brasil – onde a reflexão sobre o jovem é mais recente do que em outros países, embora não menos relevante. Apresentaremos também um dos debates tradicionais referentes à juventude: seus problemas derivariam da diferença de idade entre as gerações ou da posição no sistema de classes?

Nos diferentes estudos acerca da juventude, podem ser identificadas algumas tendências importantes: a) a representada pela *Escola de Chicago*; b) a compreensão de que a juventude é um fenômeno cultural comum e relativamente uniforme em todo o mundo, adotando-se assim a noção de *(sub)cultura juvenil no singular*; c) a figurada na *Escola de Birmingham*; d) os *estudos recentes*, que adotam desde desdobramentos do conceito de subculturas juvenis (no plural), passam pela retomada da juventude entendida como problema social, e vão até a análise da cultura juvenil como essencialmente associada ao ócio e ao lazer.

Escola de Chicago: a juventude como "problema"

Essa primeira linha teórica fundamenta muitas das posições que consideram a juventude um problema social a ser contido ou reprimido pelo Estado e pelos setores organizados da sociedade civil. O interesse de investigação sistemática dos jovens surgiu a partir dos anos 20, em especial nos campos da Sociologia e da Psicologia Social. Desde a década de 1910, psicólogos já salientavam a importância de empreender pesquisas mais profundas acerca do problema do abandono juvenil e suas formas de assistência.

Já nos anos 20, a Escola de Chicago, liderada por Robert Park (jornalista que se converteu em antropólogo urbano), voltou-se para a investigação das culturas juvenis, em uma das primeiras iniciativas institucionais de vulto em relação ao tema. A juventude era tratada como "problema", estudando-se de que modo os jovens se manifestavam nas ruas das grandes metrópoles dos Estados Unidos diante da industrialização, da explosão demográfica, da grande imigração para o país e das habitações pobres – estas entendidas como um dos centros potenciais de criminalidade, tensão social e marginalidade.

Os temas preferenciais dos pesquisadores eram gangues juvenis, delinquentes, marginais, códigos das ruas e outros conexos. A delinquência juvenil, um dos principais focos, foi entendida como defeito no processo de socialização a ser corrigido por medidas correcionais. Nas décadas de 1950-60, seus pesquisadores começaram a se preocupar com temas como a boemia, o radicalismo político dos jovens, as drogas, o vestuário e as preferências musicais, aproximando-se de outras tendências e escolas da década de 1960.

A (sub)cultura juvenil no singular

Nessa tendência, configurada por volta da década de 1940, predomina a ideia de que há uma unidade cultural da juventude no mundo todo. Antes disso, essa noção tinha pouca força. Na prática, ela corresponde à ideia de que, por exemplo, um estudante tailandês, um brasileiro e um dinamarquês têm uma cultura juvenil comum, partilhada por todos viverem em um contexto escolar. Ou de que, pelo fato de um jovem iraquiano, um húngaro e um norte-americano gostarem de *rock*, todos têm culturas musicais juvenis similares, ainda que seus povos sejam tão diferentes. Considerar a juventude no singular corresponde a certo apelo a universalismos, que muitas vezes encobrem diferenças significativas entre os jovens.

Utilizando os exemplos mencionados, é preciso considerar que, embora estudantes de diferentes culturas possam partilhar a condição juvenil e a frequência a uma instituição escolar, são submetidos a valores e modelos de educação bastante distintos. Da mesma forma, o fato de jovens de diferentes países gostarem de *rock* não significa que ouvirão e praticarão esse estilo musical do mesmo modo: o norte-americano considerará isso parte de sua própria cultura, enquanto os demais adaptarão tal expressão a seus contextos, muitas vezes aceitando apenas partes dessa cultura musical. Em outras palavras, restringir-se a destacar os poucos elementos em comum nesses casos pode levar à ideia muitas vezes errônea de que os costumes e formas culturais mais "globalizados" são, por princípio, mais importantes do que as particularidades culturais de cada povo e nação.

A tendência em considerar que há uma *cultura juvenil* genérica situa-se no auge do Estado de Bem-Estar Social (1945-1975), quando o emprego e o consumo juvenis se expandiram de modo intenso, com destaque para os Estados Unidos e a Europa. A partir dessa época, o *rock'n'roll* e a revolução sexual foram manifestações culturais que colocaram os jovens como protagonistas das sociedades modernizadas.

O mito da rebeldia juvenil contra os mais velhos levou, nos anos 50, ao aparecimento do conhecido tema do *conflito entre gerações*, que ganhou ainda mais força na década de 1960, quando a política também foi "contaminada" pela grande rebelião simbolizada pelo ano de 1968, levando ao nascimento de uma cultura juvenil massiva e de um mercado consumidor internacional que contribuiu para identificar grupos, estilos e tendências jovens.

Do mesmo modo, os movimentos de contracultura, como o dos *hippies*, abriram a perspectiva de compreensão dos jovens como portadores dos rumos de uma nova sociedade a ser construída. Tratava-se de criticar e mesmo abandonar os padrões sociais dominantes, a cidade e uma vida ditada pelo ritmo industrial para tentar um retorno à natureza e à vida comunitária. De qualquer forma, continuou a ser cultivada a ideia de que havia uma *cultura juvenil* (no singular) em geral. Antes mesmo dos *hippies*, podem ser destacados os *beatniks* norte-americanos, exemplo do esforço de parte da classe trabalhadora branca e do movimento estudantil em estabelecer laços de solidariedade com os negros urbanos.

Cabe destacar que a análise da delinquência e da marginalidade das classes populares teve importância reduzida nos estudos realizados dessa perspectiva. No caso, os jovens eram considerados vanguarda da sociedade, tanto no campo dos comportamentos como na luta ativa por mudanças sociais.

Por sua vez, o sociólogo Talcott Parsons (1902-1979) defendia a existência de uma *subcultura juvenil* genérica (no singular), com hábitos e modos de vida diferentes dos adultos, mas cuja função seria a preparação para a fase adulta. Preocupava-se mais com os contrastes entre as gerações do que com a homogeneização das manifestações culturais dos jovens. Para o autor, a juventude teria se prolongado cada vez mais nas sociedades contemporâneas com a ampliação do acesso ao ensino médio (o mesmo raciocínio pode ser feito em relação ao ensino superior). Mas Parsons ainda considerava a delinquência e o ativismo político "desvios" de um padrão de comportamento juvenil entendido como "normal". A juventude ainda era, portanto, vista como um "problema" em potencial.

Escola de Birmingham: dissecando as "tribos"

Com frequência ouvimos falar das "tribos" urbanas, em que os jovens se reúnem segundo gostos, modos de falar e de se vestir comuns. Uma entre outras formas de dizer o mesmo de modo mais sofisticado é chamar esses grupos identitários de *subculturas juvenis* (no plural). Tal ideia ganhou força com a Escola de Birmingham, que contribuiu muito para consolidar a percepção de que a juventude é composta de um sem-número de pequenos grupos sociais, cada qual com uma cultura específica.

Essa vertente teve grande importância no estudo da juventude, sendo impulsionada por amplo projeto de pesquisa elaborado na década de 1960, destinado ao estudo das culturas juvenis posteriores à Segunda Guerra Mundial na Grã-Bretanha. Segundo essa orientação, foram analisados distintos *estilos* (muitas vezes apropriados como *moda* pela indústria cultural) dos grupos de jovens, ou seja, as preferências e os gostos que compartilhavam em relação à música, à indumentária e à maneira visual de se apresentar perante os outros. Esses jovens eram analisados simultaneamente como sujeitos que se relacionavam de maneira criativa com as estruturas sociais do mundo adulto (família, escola, trabalho) e como atores sociais que estabeleciam suas próprias estruturas autônomas, opondo-se às gerações precedentes. *Teddy boys*, *mods*, *rockers*, *hippies*, *skinheads* (grupos de jovens típicos das décadas de 1950-1960), *punks* e *new romantics* (anos 70) tornaram-se foco de atenções da Escola de Birmingham.

A diversidade que caracteriza tais grupos identitários levou essa linha de pesquisa a trabalhar com o conceito de subculturas (no plural), enfatizando a diversidade de condições juvenis existentes – abandonando a ideia de *uma* cultura juvenil homogênea. As várias subculturas juvenis seriam produto da proletarização de grandes contingentes populacionais e manifestariam resistências ocultas à ordem hegemônica sob a aparente passividade juvenil.

Essas subculturas eram tratadas de duas formas: trivializadas, naturalizadas, domesticadas (o *outro* é reduzido ao comum, sem merecer atenção especial), ou consideradas exóticas (o *outro* é folclorizado negativamente). Mesmo com todos esses problemas conceituais da Escola de Birmingham, a noção de subculturas merece atenção, pois sugere um potencial de subversão do sistema nessas expressões juvenis.

Para o caso inglês, subculturas juvenis (*mods*, *skinheads*, *punks*) são interpretadas não somente como resposta de segmentos proletários contra o crescente desemprego, os padrões morais tradicionais, a pobreza etc., mas sobretudo como *dramatização* do sentimento coletivo de "declínio britânico" no fim dos anos 70. Por exemplo, os *mods* eram jovens da classe trabalhadora que viviam em volta dos bairros londrinos onde se concentravam os negros imigrantes da América Central, especialmente os jamaicanos. Os *mods* adotavam um visual arrumado e limpo, ao contrário dos excêntricos *teddy boys*, mas seu comportamento não era nada tradicionalista: gostavam de *rock* e caracterizavam-se por acentuar atitudes que os identificavam como jovens da classe trabalhadora. Tais expressões juvenis passaram a ser vistas como comportamentos culturais dotados de lógica e legitimidade próprias.

Estudos recentes: múltiplos olhares sobre a juventude

A partir da década de 1980, os estudos sobre a juventude converteram-se, em grande medida, em estudos culturais, nos quais se analisa a influência cada vez maior das culturas juvenis sobre as indústrias culturais, a moda, a comunicação e os cenários da vida cotidiana das cidades. Essas tendências impulsionaram a reavaliação dos temas ligados à cultura jovem nas décadas de 1960 e 70, como a transgressão, a resistência e o alternativismo.

Houve um movimento de desmistificação do ideal do jovem rebelde nos anos 60 e 70. A interpretação que os entendia como vanguarda das mudanças sociais foi substituída pela percepção de que as gerações jovens a partir dos anos 80 seriam "alienadas", "passivas", carentes de idealismos e utopias. Poucos estudiosos enxergavam os novos grupos juvenis como expressões de revolta contra o sistema. O exemplo típico desse perfil concentrava-se principalmente nos *punks*, vistos como uma espécie de continuação da rebeldia das décadas anteriores.

Por sua vez, vários estudos "regrediram" a perspectivas que enfocam o jovem como "problema". O estudo da delinquência voltou a assumir grande importância a partir da década de 1980, com os temas dos "jovens urbanos", das "gangues" e dos grupos com comportamentos supostamente "desviantes" (*punks*, por exemplo).

Mais tarde, na década de 1990 (e até hoje), também houve movimento a fim de enfocar a juventude como capital humano a ser aproveitado economicamente. Os jovens continuaram a ser encarados como "problema" social – por exemplo, pelo viés da violência urbana –, com a diferença que a "solução" não seria mais o simples emprego dos antigos métodos de repressão dos comportamentos e da rebeldia. Assim, entravam na cena principal as políticas públicas como tentativa de integrar os jovens excluídos no mercado de trabalho.

Essa diretriz ainda implica, em grande medida, a ideia de contenção social. Por melhores que sejam, programas governamentais ou ações de ONGs conseguem, em geral, apenas retardar a entrada em um mercado de trabalho cada vez menos disposto a absorver mão de obra. Assim, trata-se de atenuar transitoriamente a condição marginal de parte da juventude e diminuir a pressão demográfica das gerações novas sobre a oferta de mão de obra para tentar conter os fortes potenciais de desestabilização social e a crescente violência urbana. O jovem de hoje é tratado como o adulto desempregado de amanhã, ou seja, a condição juvenil é entendida como mera etapa transitória para a fase adulta.

Outra linha de pesquisa que ganhou força a partir dos anos 80 foi a caracterização da juventude como fase de menores responsabilidades, dando talvez mais tempo aos jovens pobres de ascender e permitindo à juventude das classes médias experimentar mais o prazer, a diversão e o ócio. Daí a popularização da ideia segundo a qual a condição juvenil é fortemente ligada ao lazer.

Em uma perspectiva mais radical, Martín Sagrera[1] apresenta-nos a interpretação de que vivemos em um sistema social baseado no "etarismo" ("idade" + "ismo"). Isto é, assim como há o racismo, o machismo, discriminações de classe e outras, a sociedade atual estaria organizada segundo um sistema "etarista", que discriminaria tantos os jovens e as crianças como os velhos. A idade adulta corresponderia ao curto momento da vida no qual o indivíduo desfrutaria de vantagens sobre os outros segmentos etários.

Para Sagrera, a condição social de adulto corresponde, em grande parte, à mera idealização ou projeção do conjunto de elementos que determinada sociedade espera de seus membros reconhecidos como plenamente desenvolvidos e integrados no auge da vida coletiva e institucional. Qualquer sujeito que não possua esses atributos (ou se afaste deles), mesmo sendo adulto, é enquadrado em comportamentos categorizados como não próprios da idade adulta.

Ser (comportar-se como) jovem adquire, nessa perspectiva, significado negativo: ter menos credibilidade, ser considerado menos capaz, menos experiente, precipitado, instável etc. O sistema "etarista" se basearia nessa categorização para regular a concorrência que jovens (e velhos) fariam aos adultos, mobilizando a favor dos últimos as melhores

---

1 Sagrera, 1992, p.9.

oportunidades e recursos da sociedade. Sagrera conclui, então, que até as idades estão politizadas.

No entanto, antes de politizada, a juventude (no singular) é, sobretudo, uma representação social construída de acordo com o parâmetro dos adultos e *só existe em relação* (de contraposição ou de incompletude) *à idade adulta e à infância*. Mas mesmo a infância foi uma construção histórica. As crianças eram vistas como "adultos em miniatura", "adultos em potencial" que, em determinada idade, assumiam esse *status*. Os cortes delimitando a infância e a idade adulta variaram, de acordo com a época, a cultura e a sociedade, desde cerca de oito anos, até outros como 18 e 21.

Uma vez estabelecida a categoria "criança" em relação ao "adulto" (mediante longo e contraditório processo que, na Europa, se consolidou só no século XVIII), as condições potenciais para o surgimento da "juventude" (e da "adolescência") estavam dadas. Bastou a confluência de dois fenômenos centrais para desencadear a percepção social dessa fase etária intermediária no século XX: a delinquência juvenil no contexto urbano, em especial nos bairros populares, e o ingresso de uma quantidade maior de alunos nos níveis médio e universitário, fazendo que tais estudantes desenvolvessem uma cultura própria e fossem com frequência identificados como potenciais agitadores sociais.

Algumas interpretações sobre a juventude brasileira

No Brasil, a atenção à juventude como segmento social ganhou força a partir dos anos 50, em consequência da expansão industrial e urbana ocorrida após a Segunda Guerra Mundial. Nesse contexto, e até a década de 1970, o jovem estudante é o principal foco de interesse das pesquisas, sendo considerado parte fundamental do processo de modernização da sociedade, fenômeno que ocorria em toda a América Latina.

Por um lado, o alongamento da escolarização abriu a perspectiva de ascensão social e ampliação/consolidação de uma classe média. Por outro, o jovem estudante foi visto como importante ator político no processo de mudança social e democratização – como em *A juventude na sociedade moderna* (1972), de Marialice Foracchi, marco nas pesquisas brasileiras sobre o tema. Em ambas as interpretações, os jovens eram considerados essenciais aos processos de desenvolvimento nacional.

Exemplo relevante da interpretação do jovem como vanguarda política das mudanças pode ser encontrado no texto "O jovem radical", de Octavio Ianni. O autor discute, entre outros aspectos, análises de Mannheim sobre a juventude, como a ideia de que a relação que a criança tem com os pais é, mais tarde (na juventude e idade adulta), transferida para a sociedade. Ou seja: se a criança ama os pais, amará os líderes políticos e os símbolos de autoridade da sociedade; se odeia os pais, desenvolverá revolta contra o sistema social.[2]

A partir da década de 1980, as análises da condição juvenil no Brasil caminharam em relativa sintonia em relação às tendências já mencionadas. Desse modo, o estudo dos grupos juvenis marginalizados tomou grande impulso, assim como a preocupação em estabelecer políticas públicas voltadas para os problemas enfrentados pela juventude, em particular na década de 1990.

Muitos estudos se encaminharam para a compreensão da dinâmica de socialização de jovens que se reuniam em torno do *punk*, do *reggae*, do *funk* e da cultura *hip hop*, movi-

---

[2] Ianni, O. O jovem radical. In: Britto, S. de (Org.). *Sociologia da juventude, I*, 1968 [original: 1962], p.230.

mentos de marginalizados que emergiram em um momento de enfraquecimento das instituições tradicionais (escola, família) e de dificuldades de inserção na vida adulta, notadamente no que se refere ao ingresso no mercado de trabalho e à tendência de diminuição da renda.

Ao mesmo tempo, a expansão dos meios de comunicação colocou na ordem do dia as questões do consumo e do lazer, objeto de pouca atenção nas pesquisas brasileiras até os anos 70. Estudos mais recentes tiveram de se defrontar com o estigma de que o tempo livre das classes trabalhadoras era razão de delinquência e marginalidade e com preconceitos arraigados como a ideia de que o "desajuste familiar" produz violência. As pesquisas do Índice de Desenvolvimento Juvenil (IDJ) no Brasil (2004 e 2007) quebram o mito de que os jovens, principalmente nas classes populares, ficam relegados ao ócio marginalizante, uma vez que 80% deles estudam, trabalham ou fazem ambas as atividades.

Também é necessário ressaltar que a compreensão da juventude carente como objeto de atenção social ganhou força nos anos 90, seja por políticas públicas por parte do Estado, seja pela ação de ONGs. Embora tais ações sejam importantes, tendem a enxergar o jovem pobre como fonte dos problemas que dificultam o que se entende como funcionamento regular do sistema social.

Gerações e classes: uma polêmica

Há, entre as várias divergências acerca das abordagens possíveis sobre a condição juvenil, ao menos uma polêmica: a diferença entre as gerações seria o critério mais importante para definir a(s) juventude(s) – e sua(s) cultura(s)? Ou a condição de classe não seria também um fator essencial a ser analisado, uma vez que a posição socioeconômica pode "adiantar" ou "atrasar" as trajetórias esperadas para os jovens pela sociedade?

Para discutir essa questão, é importante tecer considerações acerca do significado das gerações para a interpretação da condição juvenil. Um dos autores que se destacam nesse campo é S. N. Eisenstadt,[3] que adota uma Sociologia funcionalista com fortes matizes eurocêntricos. Mesmo assim, é referência que não pode ser ignorada. Segundo o autor, a juventude é mera fase de transição para a condição adulta. Se essa fase de "treino" para o desempenho social de papéis adultos é "inadequada", pode causar comportamentos "desviantes" (delinquência, desequilíbrio, rebeldia).

Assim, a responsabilidade por essas "anomalias" acaba sendo atribuída em grande medida às famílias de origem: aí está um dos pressupostos que fundamentam a ideia de que os jovens pobres tendem a recair na "delinquência" devido à "desintegração/desajustes familiar(es)". Entretanto, tal construção muitas vezes se presta apenas para reforçar preconceitos sociais e a ocultar causas da criminalidade juvenil, como a falta de oportunidades de inserção no mercado de trabalho.

Se observamos que os jovens de condições sociais modestas quase não têm espaços públicos que os acolham ou lhes ofereçam oportunidades, as gangues e as outras "tribos" urbanas podem ser consideradas espaços organizados de socialização que os habilitam para a sobrevivência em um ambiente social hostil e constituem um referencial para lidar com as instituições tradicionais (escola, família etc.). Ademais, esses grupos podem oferecer oportunidades para a entrada no mundo adulto, ao contrário do que pensa Eisenstadt.

Em oposição às perspectivas que adotam conceitos de geração como centrais para se compreender a juventude

---

3 Eisenstadt, S. N. *De geração a geração*. São Paulo: Perspectiva, 1976 [original: 1956], p.10.

(por exemplo, Eisenstadt), há análises que apontam o fenômeno geracional como não homogêneo. Marilia Sposito lembra as diferenças substanciais entre juventude de operários e de burgueses no início do século XX.[4] Os jovens burgueses podiam desfrutar de "crises de identidade" e dedicar seu tempo ao estudo, ao lazer e ao consumo. Enquanto isso, os filhos da classe trabalhadora viviam em condições que não lhes permitiam vivenciar a condição juvenil da mesma forma, pois logo deixavam sua família de origem, ingressavam no mercado de trabalho e formavam um novo casal, sem muito tempo para vivenciar socialmente crises existenciais ou se dedicar ao lazer.

Além disso, os jovens pobres corriam mais riscos: antes da Revolução Industrial, metade deles morria até os 15 anos, conforme destaca Sagrera. Ou seja, a expectativa de vida era muito diferenciada segundo a classe social, afetando a própria configuração da condição juvenil. Valenzuela Arce ressalta que, no século XVI, a idade média de vida da população era inferior aos trinta anos, pressão que contribuía para a juventude ser bastante escassa, reduzida apenas às classes sociais mais altas.[5] Ainda no início do século XX a situação não era muito diferente da do século XVI: muitas comunidades agrícolas tinham uma média de vida de quarenta anos, com a idade de trabalho iniciando-se por volta dos cinco anos e só terminando com a morte. Mesmo na atualidade, países com uma média de expectativa de vida em torno dos cinquenta anos terão um panorama da juventude bem distinto de outros que tenham o mesmo índice em torno dos setenta anos.

Da mesma forma, a "crise de identidade" continuou a ser vivência senão exclusiva porém, ao menos, mais intensa para

---
4 Sposito, 2000, p.11-2.
5 Valenzuela Arce, 1999, p.73.

os jovens das classes altas. Essa expressão foi empregada primordialmente por Erik Erikson para designar um estado diferente da "neurose de guerra" em pacientes de clínica de reabilitação para veteranos da Segunda Guerra Mundial. Depois, tais perturbações começaram a ser associadas a um estágio específico do desenvolvimento dos indivíduos – a "adolescência" e o "início da vida adulta" –, quando a pessoa passaria por uma fase transitória e conturbada até delinear sua "identidade" adulta estável.[6]

As pesquisas sobre "crise de identidade" feitas por Erikson nos anos 40-60 trouxeram à tona temas populares como a preocupação com o que os jovens parecem ser para os outros, a inquietação juvenil com a sexualidade, o cultivo de modelos utópicos e a busca de ídolos e ideais para a formação da "identidade" adulta.

No caso brasileiro, há grande diferença entre os jovens em melhores condições econômicas (com maior acesso à educação e a bens culturais) e aqueles que dependem de um ensino público com deficiências graves e que têm de abandonar os estudos devido à maternidade precoce ou à necessidade de trabalhar para o sustento próprio e da família.

Apesar do "ingresso" mais amplo de setores médios e populares na possibilidade de vivenciar a condição juvenil (principalmente na segunda metade do século XX), o tempo livre continuou sendo objeto de estigmatização social para o jovem pobre. Assim, o lazer da juventude pobre é entendido como fator que a empurra para a marginalidade e para a exclusão social. Já para as classes altas, aceita-se sem grandes problemas que o jovem demore a assumir responsabilidades adultas, seja por se considerar necessária uma formação mais sofisticada, seja pelo fato de a educação, por si só, não assegurar um bom destino econômico.

---

6 Erikson, 1976, p.15.

Considerações finais

A juventude é uma ideia que contempla multiplicidades, não correspondendo a uma condição "natural" do ser humano. Embora sua face possa facilmente remeter, em um primeiro olhar, aos aspectos do desenvolvimento biopsicológico dos indivíduos, fundamenta-se em uma construção que varia conforme a época e as condições sociais, políticas e culturais existentes. Ademais, é uma categoria característica do século XX, em especial a partir de sua segunda metade.

Mesmo assim, em termos comparativos, ainda é menos estudada que a infância. As diversidades e desigualdades presentes nas culturas juvenis e na relação dessas com a sociedade são pouco conhecidas. Desse modo, grande parte das percepções sociais acerca da condição juvenil é condicionada por estereótipos, idealizações, mitos e preconceitos. O desafio para a sociedade é conhecer a juventude. O desafio para a juventude é compreender a si própria e descobrir novas formas de socialização, participação e criação nas mais variadas esferas do poder, do conhecimento, da economia e da cultura.

O desafio maior é, na verdade, aprender a conviver com as diferentes possibilidades de expressão – sejam elas juvenis, adultas ou infantis – do ser humano e fazer do sistema social uma estrutura capaz de abrigar essa multiplicidade, oferecer oportunidades ao desenvolvimento dos diferentes segmentos que compõem as juventudes e, sobretudo, de se abrir às potencialidades de construção cultural que aí se apresentam. Em um mundo crescentemente populoso e urbanizado, em que os impasses que atravessam a sociedade parecem se tornar mais sérios, a juventude como categoria social autônoma será cada vez mais importante em variados aspectos da vida moderna e proporcionará "problemas" na mesma medida que descobrirá novos rumos possíveis a serem seguidos pela sociedade.

A perversa organização do sistema social dominante propicia um cenário crítico para largos contingentes populacionais. No entanto, desemprego, violência, poluição, miséria, retração dos espaços públicos de socialização etc. afetam de modo especial os jovens. Portanto, "... não há virtude especial em ser jovem. Acontece que chegou o momento de os jovens entrarem na história",[1] ingresso este bastante "dolorido". Desde a primeira reação da sociedade em classificá-los como "desviantes", "anormativos", "exóticos", passaram-se décadas até que começassem a ser reconhecidos como sujeitos sociais legítimos e relevantes. São essas as condições nas quais o jovem vive e precisa oferecer respostas a todo momento, simbolizando os dilemas mais gerais da sociedade e os possíveis rumos a serem estimulados e inibidos na continuidade das gerações.

---

[1] Foracchi, 1972, p.33.

Glossário

ACM: Associação Cristã de Moços.

Ação afirmativa: políticas estatais, principalmente voltadas à educação e ao trabalho, destinadas a reverter desigualdades e discriminações sofridas por minorias e por mulheres.

Anomia: designa ausência de lei. Para Émile Durkheim (1858-1917), significa ausência de organização, desregramento. O comportamento anômico remete à ideia de comportamento "desviante" em relação ao padrão dominante das instituições tradicionais (Estado, família, organizações). Sugere, além da negação das normas, a recusa de seus padrões (*anormatividade*).

BID: Banco Interamericano de Desenvolvimento.

Capital cultural: conceito elaborado pelo sociólogo Pierre Bourdieu em oposição à ideia de "dom", "aptidão natural". Ter capital cultural implica dominar conhecimentos culturais (incorporação lenta de saberes, técnicas e memorizações), ter acesso a bens culturais (livros, filmes, quadros, músicas), assim como possuir títulos e diplomas (como os certificados escolares), elementos que favorecem melhor posicionamento no sistema de classes e contribuem para reforçar distinções econômicas e simbólicas em favor das classes sociais dominantes.

CNPD: Comissão Nacional de População e Desenvolvimento.

Crise de identidade: expressão criada por Erik Erikson para designar os conflitos próprios da adolescência, etapa transitória em que o indivíduo buscaria diversas experiências até formar, no início da idade adulta, uma identidade mais estável.

ECA: Estatuto da Criança e do Adolescente (Brasil, 1990).

Ensino básico: no Brasil, compreende a educação infantil (0 a 5 anos), com os berçários, pré-escolas e creches; o ensino fundamental (antigo 1º grau, atualmente perfazendo as nove primeiras séries escolares); o ensino médio (antigo 2º grau ou colegial), com três anos de duração.

Estado de Bem-Estar Social: políticas de proteção e seguridade social, como seguro-desemprego, frentes de trabalho, bons serviços públicos de saúde, universalização da educação básica, ampliação do acesso ao sistema universitário, políticas de distribuição de renda, programas de renda mínima e outros auxílios estatais. Sua importância maior se verificou após a Segunda Guerra Mundial e até a década de 1970, com destaque para a Europa (principalmente França e Alemanha).

Febem: Fundação Estadual para o Bem-Estar do Menor (cada estado brasileiro tem sua própria Febem). Mudou o nome, no Estado de São Paulo, para Fundação Casa (Centro de Atendimento Socioeducativo ao Adolescente) em 2006 e, no Rio Grande do Sul, para Fundação de Atendimento Socioeducativo (Fase), em 2002.

IBGE: Instituto Brasileiro de Geografia e Estatística.

IDJ: Índice de Desenvolvimento Juvenil.

IPEA: Instituto de Pesquisa Econômica Aplicada.

IVJ: Índice de Vulnerabilidade Juvenil.

JEC: Juventude Estudantil Católica.

JOC: Juventude Operária Católica.

JUC: Juventude Universitária Católica.

Movimento pelos direitos civis (EUA): movimento social surgido na década de 1950 para exigir o fim da segregação dos negros nos Estados Unidos (principalmente nos estados do Sul) em escolas, universidades, trabalho, restaurantes, lanchonetes, repartições estatais e locais públicos em geral – sistema similar ao regime do *apartheid* sul-africano (1948-1990). A estratégia utilizada foi a mesma dos protestos não violentos de Gandhi: boicotes, passeatas pacíficas, petições e outros. Um dos resultados foi a implementação de bem-sucedidas políticas de ação afirmativa.

OCDE: Organização de Cooperação e Desenvolvimento Econômico.

OIJ: Organização Ibero-americana da Juventude.

OIT: Organização Internacional do Trabalho.

ONGs: Organizações Não Governamentais.

Sociologia funcionalista (funcionalismo): teoria baseada no pressuposto segundo o qual a sociedade funciona como um ser biológico. Entende que, se um ou alguns grupos sociais se "desviarem" das "funções" a que seriam supostamente destinados, a sociedade em seu conjunto terá problemas. Consequentemente, defende que os grupos devem agir sempre de acordo com as *normas sociais* para o funcionamento "saudável" e "harmônico" da sociedade; por sua vez, os comportamentos "anormativos" ou "desviantes" devem ser punidos.

UNE: União Nacional dos Estudantes (Brasil).

Unesco: Organização das Nações Unidas para a Educação, Ciência e Cultura.

Sugestões de leitura

ABRAMO, H. W. *Cenas juvenis:* punks e darks no espetáculo urbano. São Paulo: Página Aberta, 1994.

Apresenta panorama sobre diferentes interpretações da juventude, resgata tendências e perspectivas na abordagem do tema e concentra-se no estudo dos estilos de grupos de jovens brasileiros da década de 1980.

ALBUQUERQUE, J. A. G. *Movimento estudantil e consciência social na América Latina:* teoria e método sociológico. Rio de Janeiro: Paz e Terra, 1977.

Trabalho relevante na sociologia da juventude brasileira, tratando do tema da participação política mediante questionários respondidos por jovens. As indagações de maior destaque são a universidade, o movimento estudantil latino-americano, a mobilidade social e as relações e expectativas dos estudantes em relação ao trabalho.

BARTOLETTI, S. C. *Juventude hitlerista:* a história dos meninos e das meninas nazistas e a dos que resistiram. Rio de Janeiro: Relume-Dumará, 2006.

Para quem quiser saber mais sobre a relação entre juventude e ideologias políticas por intermédio de um período conhecido e trágico da história mundial.

BRITTO, S. de (Org.). *Sociologia da juventude.* Rio de Janeiro: Zahar, 1968. 4v.

Obra de referência para incursões mais aprofundadas nas discussões científicas da juventude. Contempla diversas dimensões do tema e abriga autores brasileiros e estrangeiros. Destacamos os seguintes: "Os problemas sociológicos nas primeiras pesquisas sobre a juventude" (Andréas Flitner, v.I), "O problema da juventude na sociedade moderna" (Karl Mannheim, v.I), "O jovem radical" (Octavio Ianni, v.I), "As ambiguidades do conceito de 'geração'" (Walter Jaide, v.II), "Os rebeldes sem causa" (Georges Lapassade, v.III), "Uma revolução juvenil" (S. Valitutti, v.III), "Alternativas para as atividades estudantis" (Seymour Lipset, v.IV), "O tempo e o espaço no mundo estudantil" (Pierre Bourdieu e Jean-Claude Passeron, v.IV).

CASTRO, J. A. de; AQUINO, L. (Orgs.). *Juventude e políticas sociais no Brasil*. Brasília: Ipea, 2008.

Estudo patrocinado pelo governo federal brasileiro para identificar os principais problemas da juventude brasileira em áreas-chave e, assim, orientar políticas públicas destinadas a esse segmento. Apresenta dados estatísticos de 2006, bem como um balanço dos avanços e dificuldades enfrentadas pelo Estado na área.

CNPD. *Jovens acontecendo na trilha das políticas públicas*. Brasília, 1998. 2 v.

Ampla publicação que analisa dados do IBGE da época sobre a juventude. Os textos tratam de diversos temas específicos, expondo estatísticas e discutindo questões relevantes que possam auxiliar na formulação de políticas públicas. Merecem destaque Célia Szwaresald e Maria do Carmo Leal, que abordam a mortalidade por armas de fogo, Felícia Madeira e Eliana Rodrigues, que falam de trabalho, Ana Lúcia Sabóia, de educação e Lourdes Sola, de participação política.

DÁVILA LEÓN, O. (Org.). *Políticas públicas de juventud en América Latina: políticas nacionales*. Viña del Mar, Chile: Centro de Investigación y Difusión Poblacional de Achupallas (CIDPA), 2003.

Coletânea que trata do tema em vários países da América Latina. Destacamos Dina Krauskopf para a América Central, Sergio Alejandro Balardini para a Argentina, Oscar Dávila León para o Chile e Luis Montoya para o Peru.

EISENSTADT, S. N. *De geração a geração*. São Paulo: Perspectiva, 1976 (1. ed., EUA: 1956).

Clássico sobre a questão do conflito de gerações com viés antropológico. Referência importante sobre a questão, embora o autor adote uma perspectiva funcionalista, bastante questionada nos estudos posteriores.

ERIKSON, E. H. *Identidade, juventude e crise*. Rio de Janeiro: Zahar, 1976.

Obra importante para se compreender a expressão "crise de identidade". Ainda que o tema central seja a adolescência, as discussões levantadas também se aplicam à juventude, que aparece no texto em diversas ocasiões.

FORACCHI, M. M. *A juventude na sociedade moderna*. São Paulo: Pioneira/Ed. da USP, 1972.

Referência fundamental e clássica entre os estudos brasileiros da juventude. Aborda a relação entre juventude e política, com destaque para a discussão das perspectivas do movimento estudantil de transformação e mudança social.

FREITAS, M. V. de, PAPA, F. de C. (Orgs.). *Políticas públicas:* juventude em pauta. São Paulo: Cortez/Ação Educativa/Fundação Friedrich Ebert, 2003.

A coletânea oferece bom panorama das políticas públicas para a juventude. Destacamos a perspectiva crítica de Miguel Abad, o olhar latino-americano para a questão de Julio Bango, as questões sociais suscitadas por Regina Novaes e o tema das drogas abordado por Beatriz Carlini-Marlatt.

GIOVANNI, L., SCHMITT, J.-C. *História dos jovens*. São Paulo: Companhia das Letras, 1996. 2v.

Levantamento das diferentes conceituações, perfis e papéis dos jovens no decorrer de momentos-chave da História Ocidental.

LIMA, R. (Org.). *Mídias comunitárias, juventude e cidadania*. Belo Horizonte: Autêntica/AIC, 2007.

Pesquisa que traz reflexão relevante para a relação entre meios de comunicação, juventude e participação democrática, analisando um projeto comunitário destinado a promover a cidadania pela comunicação.

MELO, M. P. de. *Esporte e juventude pobre:* políticas públicas de lazer na Vila Olímpica da Maré. Campinas, SP: Autores Associados, 2005.

Obra essencial que discute como a juventude se situa em temáticas que nos são bastante comuns: suas vivências no esporte, a condição de pobreza, a atuação de ONGs e do Estado em uma cidade que costuma estar nos noticiários por causa da violência.

MORGADO, M. A., MOTTA, M. F. V. (Orgs.). *Juventude de classe média e educação:* cenários, cenas e sinais. Brasília: Líber Livro, 2006.

Essencial para quem deseja compreender mais profundamente o complexo fenômeno da juventude de classe média em suas multiplicidades.

POERNER, A. J. *O poder jovem.* Rio de Janeiro: Civilização Brasileira, 1968.

Obra editada em momento politicamente tenso no Brasil, discute a história dos estudantes no país, as mobilizações das organizações estudantis, a UNE e a reforma educacional.

SPOSITO, M. P. (Coord.). *Estado do conhecimento:* juventude e escolarização. São Paulo: Ação Educativa/Inep, 2000.

Estado da arte das pesquisas educacionais relacionadas ao tema da juventude. Os autores fazem inventário das produções acadêmicas dos últimos vinte anos. Destaque para os textos de Marília Sposito ("Considerações em torno do conhecimento sobre juventude na área de educação") e de Paulo Cesar R. Carrano ("Jovens e participação política").

UVINHA, R. R. *Juventude, lazer e esportes radicais.* Barueri, SP: Manole, 2000.

Explora a relação da adolescência e da juventude com os esportes, com o lazer e com o "radical" por uma perspectiva que procura recuperar a visão de mundo do próprio jovem.

VALENZUELA ARCE, J. M. *Vida de barro duro:* cultura popular juvenil e grafite. Rio de Janeiro: Editora UFRJ, 1999.

Apresenta boa discussão dos conceitos e possíveis abordagens do tema da juventude, tratando, em seguida, dos problemas enfrentados pelos jovens pobres latino-americanos e suas expressões culturais nas décadas de 1980 e 90.

WAISELFISZ, J. J. *Relatório de Desenvolvimento Juvenil 2007.* Brasília: Instituto Sangari/Ministério da Ciência e da Tecnologia, 2007.

Publicação que explica a elaboração do Índice de Desenvolvimento Juvenil e analisa os resultados referentes aos dados coletados no período 2003-2005. Compõe, com CASTRO e AQUINO (2008), atualização relevante de dados apresentados na publicação do CNPD de 1998, além de reflexões atuais sobre o tema.

ZANETI, H. *Juventude e revolução*: uma investigação sobre a atitude revolucionária juvenil no Brasil. Brasília: Editora Universidade de Brasília, 2001.

Pesquisa sobre a participação política da juventude feita com base em questionários respondidos por jovens de vários estados brasileiros.

Questões para reflexão e debate

1. Identifique características de uma "tribo" juvenil urbana, como símbolos, objetos, linguagem e roupas utilizados. Analise esse perfil com base em alguns aspectos: O grupo pertence a que classe social (alta, média, baixa)? Liga sua identidade a quais aspectos: consumo, esportes, música, etnia? Tem posições contrárias a outros grupos de jovens ou de adultos?

2. Quais os problemas mais comuns da juventude no bairro onde você mora? Há espaços de lazer na região? Como é o acesso a bens culturais, como música, teatro, cinema? Há movimentos juvenis locais? Eles são ligados a ONGs, administrações municipais ou são autônomos?

3. Selecione algumas reportagens jornalísticas que falam sobre a juventude, enfocando um tema (manifestações culturais, trabalho, educação, drogas, violência, discriminação) e observe como são retratados os jovens: "Problema"? Geração que resolverá problemas futuros? Imaturos? Rebeldes? Exóticos? Desinformados? "Alienados"? Outros aspectos são levantados?

4. Escolha um filme que aborde o tema da juventude e observe quais imagens predominam: de que época são os jovens retratados? Quais as características de seus comportamentos? O que aparece como positivo e como negativo nas relações entre jovens e adultos? Há diversos perfis de jovens entre os personagens ou todos são reduzidos a algumas características comuns? Há violência, drogas, sexo, discriminação? Em caso positivo, como os personagens jovens aparecem nas cenas relacionadas a esses temas?

SOBRE O LIVRO

Formato: 12 x 21 cm
Mancha: 21,3 x 39 paicas
Tipologia: Fairfield LH Light 10,7/13,9
Papel: Offset 75 g/m² (miolo)
Cartão Supremo 250 g/m² (capa)

1ª edição:2008
1ª reimpressão: 2022

EQUIPE DE REALIZAÇÃO

Edição de Texto
Regina Machado e Antonio Alves (Preparação de texto)
Gabriela Mori e Maria Silvia Mourão Netto (Revisão)

Editoração Eletrônica
Eduardo Seiji Seki (Diagramação)

Rua Xavier Curado, 388 • Ipiranga - SP • 04210 100
Tel.: (11) 2063 7000 • Fax: (11) 2061 8709
rettec@rettec.com.br • www.rettec.com.br